Diplomatie mit Gefühl

**Zeitgeschichte
im Gespräch
Band 21**

Herausgegeben vom
Institut für Zeitgeschichte

Redaktion:
Bernhard Gotto und Thomas Schlemmer

Diplomatie mit Gefühl

Vertrauen, Misstrauen und die
Außenpolitik der Bundesrepublik
Deutschland

Herausgegeben von
Reinhild Kreis

DE GRUYTER
OLDENBOURG

ISBN 978-3-486-77844-1
e-ISBN (PDF) 978-3-486-85908-9
e-ISBN (EPUB) 978-3-11-039780-2
ISSN 2190-2054

Library of Congress Cataloging-in-Publication Data
A CIP catalog record for this book has been applied for at the Library of Congress.

Bibliografische Information der Deutschen Nationalbibliothek
Die Deutsche Nationalbibliothek verzeichnet diese Publikation in der Deutschen Nationalbibliografie; detaillierte bibliografische Daten sind im Internet über http://dnb.dnb.de abrufbar.

© 2015 Walter de Gruyter GmbH, Berlin/München/Boston
Titelbild: Konrad Adenauer und Charles De Gaulle nach der Unterzeichnung des Elysée-Vertrags am 22. Januar 1963; Bundesarchiv, B 145, Bild 00014284 (Photograph: Ernst Schwahn)
Einbandgestaltung: hauser lacour
Druck und Bindung: Hubert & Co. GmbH & Co. KG, Göttingen
♾ Gedruckt auf säurefreiem Papier
Printed in Germany

Inhalt

Reinhild Kreis
Arbeit am Beziehungsstatus. Vertrauen und Misstrauen
in den außenpolitischen Beziehungen der Bundesrepublik
Deutschland   7

Philipp Gassert
„Vertrauen, Einsicht und guten Willen zu wecken". Überlegungen
zu einem Zentralbegriff westdeutscher Außenpolitik   17

Alexander Reinfeldt
Kontrolliertes Vertrauen. Die westdeutsche Wiederbewaffnung
und das Projekt einer Europäischen Verteidigungsgemeinschaft   33

Peter Ulrich Weiß
Die Grenzen der „Brüderlichkeit". Vertrauen und Misstrauen
im deutsch-deutsch-rumänischen Dreiecksverhältnis der
1960er Jahre   49

Matthias Peter
Vertrauen als Ressource der Diplomatie. Die Bundesrepublik
Deutschland im KSZE-Prozess   65

Ulrich Lappenküper
Prekäres Vertrauen. François Mitterrand und Deutschland
seit 1971   83

Bernhard Gotto
Kommentar.   97

Abkürzungen   107
Autorinnen und Autoren   109

Reinhild Kreis
Arbeit am Beziehungsstatus
Vertrauen und Misstrauen in den außenpolitischen
Beziehungen der Bundesrepublik Deutschland

„Wo Sicherheit nicht oder nicht mehr hergestellt oder garantiert werden kann – hilft da Vertrauen?" So fragte Eckart Conze am Ende eines programmatischen Aufsatzes, in dem er Sicherheit als Leitperspektive für die Geschichte der Bundesrepublik vorschlug[1]. Mit Blick auf Deutschland nach dem Ende des Zweiten Weltkriegs hätte die internationale Staatengemeinschaft diese Frage wohl vehement verneint. Misstrauen schien nach zwei Weltkriegen und unter dem Eindruck der nationalsozialistischen Verbrechen eher angebracht zu sein. Deutschland galt als potentieller Gefahrenherd, und diese Bedrohung einzudämmen war und blieb für lange Zeit ein zentrales Thema der internationalen Politik. Umgekehrt kommt keine Darstellung zur Geschichte der Bundesrepublik ohne den Verweis aus, oberste Priorität sei es gewesen, das Misstrauen zu überwinden und „Vertrauen zu uns Deutschen zu schaffen"[2], um die eigenen Handlungsspielräume zu erweitern. Dieses Spannungsfeld von Vertrauen und Misstrauen in den deutschen Außenbeziehungen steht im Mittelpunkt des vorliegenden Sammelbands.

Die Geschichte Deutschlands im Ost-West-Konflikt bietet reiches Material, um der Bedeutung von Vertrauen und Misstrauen in außenpolitischen Beziehungen nachzugehen. Nach 1945 hatten Äußerungen von Vertrauen und Misstrauen einen höheren Stellenwert, als es in den internationalen Beziehungen meist üblich ist. Die NS-Verbrechen und die totale Niederlage Deutschlands legitimierten die offen ausgesprochenen Misstrauensbekundungen und Befürchtungen der internationalen Staatenwelt sowie eine darauf abgestimmte Politik, die unter anderem auf Kontrollmechanismen setzte. Unter den außergewöhnlichen Umständen akzeptierte man in der Bundesrepublik dieses Misstrauen und sprach ebenso offen darüber, das verspielte Vertrauen zurückgewinnen zu wollen. Anders sah die Situation in

---

[1] Eckart Conze, Sicherheit als Kultur. Überlegungen zu einer „modernen Politikgeschichte" der Bundesrepublik Deutschland, in: VfZ 53 (2005), S. 357–380, hier S. 379.
[2] So Konrad Adenauer im ersten Band seiner Erinnerungen; zit. nach Edgar Wolfrum, Die geglückte Demokratie. Geschichte der Bundesrepublik von ihren Anfängen bis zur Gegenwart, Stuttgart 2006, S. 102; zum Kontext vgl. ebenda, S. 101 ff.

der DDR aus. Die von der Sowjetunion vorgegebene Rhetorik der „Freundschaft" unter den sozialistischen „Bruderstaaten" ließ keinen Raum für offene Misstrauensbekundungen, auch wenn das Verhältnis zwischen dem ostdeutschen Staat und seinen Nachbarländern durchaus nicht immer vertrauensvoll war[3]. Damit geraten Konjunkturen von Gefühlen beziehungsweise Gefühlsäußerungen in den Blick, die an *emotional regimes* gekoppelt sind, also daran, welche Gefühle zu haben oder zu zeigen zu bestimmten Zeiten und in bestimmten Situationen opportun und legitim ist[4].

Die Bundesrepublik und die DDR zählten zu den sogenannten Frontstaaten des Kalten Kriegs, deren außenpolitische Perspektiven sich von denen ihrer Bündnispartner unterschieden. Durch die Teilung des Landes und die offene Grenzfrage stand stets – ausgesprochen oder unterschwellig – auch das Thema Wiedervereinigung im Raum. Die Frage nach Vertrauen und Misstrauen prägte daher in den bilateralen und multilateralen Beziehungen beider deutscher Staaten außenpolitische Agenden, Instrumente und Handlungen. Dies betraf die deutsch-deutschen Beziehungen, das Verhältnis von Bundesrepublik und DDR zur jeweiligen Führungsmacht ihres Blocks, die Beziehungen innerhalb der Bündnisse sowie zwischen ihnen. Zündstoff konnte sich auch aus der Interdependenz der verschiedenen Ebenen ergeben. Was auf der einen Ebene Sicherheit versprach, konnte auf einer anderen politische Handlungsspielräume einschränken; und was bei einem Akteur Vertrauen auslöste, konnte das Misstrauen eines anderen schüren. Dies zeigt Peter Weiß am Beispiel des deutsch-deutsch-rumänischen Verhältnisses, indem er die blockinterne mit der blockübergreifenden Perspektive in Beziehung setzt.

Vertrauen hat Konjunktur – nicht nur als „Obsession der Moderne", wie Ute Frevert mit Bezug auf die Omnipräsenz des „V-Wortes" jüngst konstatierte, sondern auch als Gegenstand der historischen Forschung, die sich in den letzten Jahren für emotionsgeschichtliche Ansätze geöffnet hat. Während Vertreter der *rational choice*-Theorie dazu tendieren, Vertrauen den emotionalen Gehalt abzusprechen und auf wechselseitige Interessen und Berechenbarkeit verweisen, betonen Historiker seine Qualität als Gefühl[5].

---

[3] Vgl. Jan C. Behrends, Die erfundene Freundschaft. Propaganda für die Sowjetunion in Polen und in der DDR (1944–1957), Köln 2005.
[4] Vgl. William Reddy, The Navigation of Feeling. A Framework for the History of Emotions, Cambridge 2001, S. 124ff.
[5] Vgl. Ute Frevert, Vertrauensfragen. Eine Obsession der Moderne, München 2013, S. 15ff. Zum Stand der Forschung vgl. Jan Plamper, Geschichte und Gefühl. Grundlagen der Emotionsgeschichte, München 2012.

Emotionen stehen, da sind sich Wissenschaftler verschiedener Disziplinen einig, nicht im Gegensatz zu Vernunft, sondern sind ein integraler Bestandteil rationalen Handelns. Sie müssen in die Analyse vergangenen Denkens und Handelns einbezogen werden, wie nicht zuletzt Studien zu Angst als Faktor in den internationalen Beziehungen und als handlungsleitendem Gefühl eindrucksvoll gezeigt haben[6]. Doch inwiefern auch Vertrauen und Misstrauen als Kategorien für die Analyse (außen)politischer Fragen und nicht nur persönlicher Nahbeziehungen geeignet sind, ist in der Geschichtswissenschaft umstritten.

Wie kann in diesem Zusammenhang Vertrauen definiert werden, um den Begriff als Analysekategorie für die internationalen Beziehungen nutzbar zu machen[7]? Wer vertraut, geht vom Wohlwollen des anderen aus; davon, dass er und seine Interessen in guten Händen sind, und dass der Vertrauensnehmer den Vertrauensgeber nicht ausnutzen wird[8]. Wer vertraut, empfindet „Wohlgefühl und Aufgehobensein"[9]. Dabei führen gleiche Interessen weder automatisch zu einem vertrauensvollen Verhältnis noch sind sie eine zwingende Voraussetzung für Vertrauensbildung. Sie machen das Verhalten des anderen in einer bestimmten Angelegenheit vielleicht berechenbar, doch kann dies durchaus mit Misstrauen gegenüber den grundsätzlichen Intentionen des anderen einhergehen. Umgekehrt basiert Vertrauen nicht unbedingt auf gleichen Interessen in einer Sache. Vielmehr kann das Interesse des Vertrauensnehmers auch darin bestehen, ein vertrauenswürdiger Partner zu sein und entsprechend zu agieren.

Spieltheoretische Ansätze argumentieren, Vertrauen beruhe letztendlich auf Kalkulation und Strategie. Zwar prägten strategische Erwägungen die internationalen Beziehungen zumal während des Ost-West-Konflikts in hohem Maße, doch sie erklären die Dynamiken der internationalen Beziehungen nur zum Teil. Ein derart verkürzter Vertrauensbegriff verschleiert die historische Dimension, also frühere Erfahrungen, den Aufbau von Vertrauen über eine längere Zeitspanne oder die Ursprünge von Vertrauen

---

[6] Vgl. Patrick Bormann/Thomas Freiberger/Judith Michel (Hrsg.), Angst in den Internationalen Beziehungen, Göttingen 2010; Bernd Greiner/Christian Th. Müller/Dierk Walter (Hrsg.), Angst im Kalten Krieg, Hamburg 2009.

[7] Zum Folgenden vgl. auch Martin Klimke/Reinhild Kreis/Christian Ostermann, Introduction, in: dies. (Hrsg.), Trust, but Verify. The Politics of Uncertainty and the Transformation of the Cold War Order, 1969–1991 (im Erscheinen).

[8] Vgl. Deborah Welch Larson, Anatomy of Mistrust. U.S.–Soviet Relations During the Cold War, Ithaka 1997, S. 19f.; Annette Baier, „Trust and Antitrust", in: Ethics 96 (1986), S. 231–260, hier S. 235.

[9] Frevert, Vertrauensfragen, S. 17.

und Misstrauen. Auch die Persönlichkeit der beteiligten Akteure und die Gefühlsqualität bleiben bei einem rein rationalen Verständnis von Vertrauen außen vor.

Doch Vertrauen ist eben nicht Wissen. Vielmehr überbrückt es die Wissens- und Sicherheitslücke, die dadurch entsteht, dass nie absolut zuverlässig vorhersagbar ist, wie sich jemand verhalten wird. Angesichts der existenziellen Bedrohungsszenarien, die die internationalen Beziehungen insbesondere während des Ost-West-Konflikts prägten, lösten solche Wissenslücken starke Emotionen wie Angst und Unsicherheit aus, die durch Vertrauen überwunden werden konnten. Wer vertraut, so Niklas Luhmann, „nimmt die Zukunft vorweg" und handelt, „als ob er der Zukunft sicher wäre"[10]. Er geht also notwendigerweise das Risiko ein, enttäuscht zu werden, nimmt aber an, dass der andere diese Verletzlichkeit nicht ausnutzen wird. Dieses nicht zu beseitigende Risiko macht Enttäuschung zu einem wichtigen Komplementärbegriff der Vertrauensforschung.

Misstrauen kommt ins Spiel, wenn die Unsicherheit über die Absichten und das Verhalten anderer als zu groß empfunden wird, um sie überbrücken zu können (oder zu wollen). Insbesondere Enttäuschungen und negative Erfahrungen in der Vergangenheit können die Bereitschaft mindern, mit dieser Wissenslücke zu leben und anderen zu vertrauen. Das muss nichts Schlechtes sein. Ausdrücke wie „gesundes Misstrauen" verweisen darauf, dass Misstrauen durchaus nützlich sein kann und dabei hilft, Risiken zu vermeiden. Sowohl Vertrauen als auch Misstrauen funktionieren dabei als Filter. Sie lenken die Wahrnehmung der Akteure in eine bestimmte Richtung, heben gewisse Aspekte hervor und lassen andere aus dem Blickfeld verschwinden.

Vertrauen und Misstrauen sind nicht statisch, sondern dynamisch: Misstrauen kann überwunden, Vertrauen muss aktiv aufgebaut und kontinuierlich gepflegt werden. Es ist reversibel, kann wieder entzogen werden und ist an bestimmte Bedingungen geknüpft, die sich ihrerseits ändern können. Gerade in den internationalen Beziehungen sollen Absicherungs- und Kontrollmechanismen dabei helfen, Risiken und Verletzlichkeit zu reduzieren. So zeigt Alexander Reinfeldts Beitrag über die Europäische Verteidigungsgemeinschaft (EVG), wie das Projekt für Frankreich unattraktiv wurde, nachdem die ursprünglich vorgesehenen Kontrollbefugnisse über die westdeutschen Kontingente aus dem endgültigen Vertragswerk verschwunden

---

[10] Niklas Luhmann, Vertrauen. Ein Mechanismus der Reduktion sozialer Komplexität, Konstanz/München ⁵2014, S. 9.

waren. Eine stärker auf Vertrauen basierende militärische Zusammenarbeit kam für Frankreich zu diesem Zeitpunkt nicht in Frage.

In außenpolitischen Zusammenhängen kommen Vertrauen und Misstrauen auf drei Ebenen ins Spiel. *Erstens* beruhen politische und außenpolitische Beziehungen zu einem Gutteil auf Nahverhältnissen, in denen Personen unmittelbar miteinander diskutieren und verhandeln, einander beobachten, einschätzen und bewerten. Auch als Funktionsträger bleiben Politiker und Diplomaten Individuen mit spezifischen Charaktereigenschaften und Überzeugungen, die in ihr Rollenverständnis, Denken und Handeln einfließen und die von ihren Gesprächspartnern auch als solche bewertet werden. Ob Politiker „miteinander können" oder nicht, macht einen Unterschied – nicht nur mit Blick auf Ergebnisse, sondern auch auf Entscheidungswege und die Strategien der Umsetzung von Politik. Ulrich Lappenkupers Aufsatz über François Mitterrand wählt einen akteurszentrierten Zugriff, um die Bedeutung personaler Anteile für die deutsch-französischen Beziehungen herauszuarbeiten und zu gewichten.

Zweitens sind Vertrauen und Misstrauen jenseits unmittelbarer persönlicher Kontakte greifbar. Als kollektive Gefühle von Bedrohung oder Zugehörigkeit, Vertrauen, Misstrauen oder Enttäuschung richten sie sich auch auf ausländische Politiker, Regierungen oder Staaten. Staatliches Handeln in der internationalen Arena, beispielsweise in Bündnissen oder Kriegen, betrifft das Zugehörigkeitsgefühl des Einzelnen ebenso wie das gesellschaftlicher Teilgruppen. Je nachdem, wie sich außenpolitisches Handeln auf den Alltag der Menschen auswirkt, lösen außenpolitische Entscheidungen und Handlungen Emotionen wie Dankbarkeit, Stolz, Angst, Scham, Wut oder Enttäuschung aus. Darum ist es notwendig, Vertrauen und Misstrauen auch auf der kollektiven Ebene als Faktor internationaler Beziehungen zu untersuchen. Welche kollektiven Gefühle löste Außenpolitik aus? Wie nutzten internationale Akteure diese Macht, wessen Wünsche und Interessen bezogen sie ein? Diese Fragen gelten insbesondere für den Kalten Krieg, der alle Lebensbereiche durchdrang und beeinflusste.

Drittens schließlich ist das Vertrauen in Institutionen und in institutionalisierte Regelungen zu nennen. Es ist anders gelagert als das Vertrauen zwischen Individuen oder sozialen Gruppen. Losgelöst von persönlichen Beziehungen kann es im Sinne des englischen Begriffs *confidence* als Erwartung in die Zuverlässigkeit von Institutionen und Systemen verstanden werden. Solches Institutionenvertrauen kommt in außenpolitischen Zusammenhängen beispielsweise über Kooperationen wie im Rahmen der Europäischen Union oder über Mechanismen der Konfliktaustragung und -begrenzung ins Spiel, wie sie etwa die KSZE einführte. Erleichtert wird dieses Vertrauen durch eingebaute Kontrollmechanismen, die als institutionalisiertes Misstrauen fungieren[11].

Kommunikation spielt eine Schlüsselrolle, wenn Vertrauen entsteht oder erschüttert wird. Gerade in den internationalen Beziehungen birgt diese Kommunikationsgebundenheit jedoch viele Risiken. Die Forschung geht davon aus, dass sich Individuen, Milieus und Gesellschaften in ihren Vertrauenskulturen unterscheiden. Vertrauenswürdigkeit wird inszeniert und beruht unter anderem auf symbolischen Handlungen oder Gesten, die entziffert und übersetzt werden müssen, um verstanden zu werden. Bei dieser Dechiffrierungsarbeit kann es leicht zu Missverständnissen kommen – sowohl mit Bezug auf das gesprochene und geschriebene Wort als auch auf symbolische Handlungen. Unterschiedliche Vertrauensbegriffe können sich überdies als Stolpersteine in der Kommunikation erweisen. Was im Deutschen als Vertrauen bezeichnet wird, unterscheidet beispielsweise die englische Sprache in *trust* und *confidence* mit jeweils eigenen Inhalten und Sinnbezügen.

Sowohl Einzelpersonen als auch Gesellschaften und gesellschaftliche Teilgruppen griffen, bewusst oder unbewusst, auf Erfahrungen zurück, um darüber zu entscheiden, ob Akteure internationaler Politik als vertrauenswürdig einzuschätzen seien. Ob es sich um Kriegserfahrungen, das Erlebnis von Hilfe oder um persönliche Begegnungen handelt: Privatpersonen, Politiker und gesellschaftliche Gruppen müssen als Zeitzeugen sowie als Teil kollektiver Gedächtnisse und Erinnerungskulturen ernstgenommen werden, also als Träger gefühlsbehafteter Erfahrungen und Erinnerungen, die maßgeblich zur Einschätzung zukünftigen Verhaltens anderer beitrugen[12].

Dabei prallen unterschiedliche Zeitwahrnehmungen aufeinander. Individuelle und kollektive Gedächtnisse reichen unterschiedlich weit zurück. Begriffe wie „Erzfeind" zeigen, wie Erfahrungen und Erinnerungen sich zu Narrativen verfestigen können, die eine lange zeitliche Dauer implizieren. Daraus können Spannungen entstehen, wenn beispielsweise in Bündnissen Gegenwart und Zukunft unterschiedlich eingeschätzt werden und zu Kontroversen über politische Programme und Strategien führen. Darüber

---

[11] Vgl. Jörg Baberowski, Erwartungssicherheit und Vertrauen: Warum manche Ordnungen stabil sind, und andere nicht, in: ders. (Hrsg.), Was ist Vertrauen? Ein interdisziplinäres Gespräch, Frankfurt a. M. 2014, S. 7–29, hier S. 25f.
[12] Vgl. Hans Günter Hockerts, Zugänge zur Zeitgeschichte. Primärerfahrung, Erinnerungskultur, Geschichtswissenschaft, in: Konrad Jarausch/Martin Sabrow (Hrsg.), Verletztes Gedächtnis. Erinnerungskultur und Zeitgeschichte im Konflikt, Frankfurt a. M. 2002, S. 39–74.

hinaus verändern sich die erfahrungs- und erlebnisbasierten Grundlagen von Vertrauen und Misstrauen permanent. Im zeitlichen Verlauf werden einstige Erwartungen zu Erfahrungen[13]. Sie treten neben oder überlagern ältere Erlebnisse und Erfahrungen und können zu einer Neubeurteilung der Vertrauenswürdigkeit anderer führen – jedoch nicht notwendigerweise synchron, weshalb auch hierin Konfliktpotential für Bündnisse oder andere Foren liegt, in denen internationale Beziehungen verhandelt werden.

Die Beiträge dieses Sammelbands nehmen Vertrauen und Misstrauen in dreierlei Hinsicht in den Blick: *Erstens* werden Verweise auf Vertrauen und Misstrauen als semantisches Feld und als rhetorische Strategie sichtbar. Unabhängig davon, ob Vertrauens- oder Misstrauensbekundungen auf „echten" Gefühlen basierten oder für politische Zwecke instrumentalisiert wurden, riefen sie fast zwangsläufig eine Reaktion hervor. Als vertrauenswürdig zu gelten und auch so bezeichnet zu werden war erstrebenswert; umgekehrt lösten Bekundungen von Misstrauen oder Enttäuschung Zurückweisungen, Gegendarstellungen und mitunter auch direkte Aktionen aus. Bündnisse, deren Protagonisten einander vertrauten oder zumindest zu vertrauen schienen, galten als höherwertiger als solche, die nur auf komplementären Interessen gründeten oder gar durch Zwang zusammengehalten wurden – so schwierig der Nachweis solcher Unterschiede auch sein mag.

Im Falle der Bundesrepublik und bis zu einem gewissen Grad auch der DDR waren öffentliche Vertrauens- und Misstrauensbekundungen nicht zuletzt deswegen so bedeutsam, weil sie den „Beziehungsstatus" anzeigten, und zwar sowohl gegenüber dem unmittelbaren Gesprächspartner selbst als auch nach außen in der internationalen Öffentlichkeit. Insbesondere für ein Land wie die Bundesrepublik, das Misstrauen überwinden und Vertrauen erst aufbauen musste, fungierte Vertrauen als Ressource und als soziales Kapital im Sinne Bourdieus. Philipp Gassert nimmt die „Rhetorik des Vertrauens" westdeutscher Spitzenpolitiker in den Blick und interpretiert sie als Kommunikationsstrategie mit doppelter Stoßrichtung: Einerseits ging es darum, außenpolitische Ziele zu erreichen, andererseits sollte auch gegenüber den Bundesbürgern Kompetenz signalisiert werden.

Zweitens geht es um den Aufbau von Vertrauen und den Abbau von Misstrauen als Ziele politischen Handelns. Ob als außenpolitische Priorität formuliert wie bei Konrad Adenauer, als Katalog konkreter Maßnahmen

---

[13] Vgl. Reinhart Koselleck, „Erfahrungsraum" und „Erwartungshorizont" – zwei historische Kategorien, in: ders., Vergangene Zukunft. Zur Semantik geschichtlicher Zeiten, Frankfurt a. M. ⁴2000, S. 349–375, hier S. 358f.

festgelegt wie in der KSZE-Schlussakte oder als rhetorischer Baustein der von der Sowjetunion zumindest in ihrer institutionalisierten Form verordneten Freundschaft unter den Ostblockstaaten: Vertrauen zu erlangen oder als vertrauenswürdig bezeichnet zu werden war ein benennbares, abgrenzbares Ziel, das konflikthaft oder harmonisch neben anderen Zielen stand. Wie verlief die Kommunikation über solche Ziele und Prioritätensetzungen, und mit welchen Mitteln sollten sie erreicht werden? Matthias Peter zeigt anhand der KSZE exemplarisch, wie Vertrauen zu einem Schlüsselbegriff internationaler, blockübergreifender Diplomatie wurde und wie sich die Bundesrepublik des Vertrauensbegriffs bediente. Er weist jedoch auch auf die Schwierigkeiten hin, über vertrauensbildende Maßnahmen tatsächlich Vertrauen herzustellen.

Last but not least werden Vertrauen und Misstrauen genutzt, um nach dem Gewicht von Emotionen im Denken und Handeln von Entscheidungsträgern zu fragen. Hierin liegt eine besondere Herausforderung, weil sich die konkreten Gefühlslagen und deren Auswirkungen in den üblichen diplomatiegeschichtlichen Quellen kaum niederschlagen. Sie sind den Akteuren nicht immer bewusst (ebenso wenig wie die dahinter stehenden Gründe), treten als Mischformen verschiedener Gefühle auf, werden nicht immer verbalisiert, dafür aber teilweise verschleiert oder in Äußerungen bewusst verfälscht, werden inszeniert und instrumentalisiert[14].

Den Risiken eines solchen Ansatzes stehen neue Erkenntnischancen gegenüber. Vertrauen gleichermaßen als politisches Ziel, als Emotion und als rhetorische Strategie zu begreifen legt Themen sowie Spannungsfelder offen, die in der Forschung zu den internationalen Beziehungen häufig ignoriert werden. Wenn es um Vertrauen als politisches Ziel geht, ist Außenpolitik dann Emotionsmanagement? Vier-Augen-Gespräche, Gipfeltreffen, rhetorische Strategien und mediale Inszenierungen sowie der Einsatz von Instrumenten wie auswärtiger Kulturpolitik verweisen auf diese Dimension. Macht dies Vertrauen und Misstrauen zu diplomatischen Instrumenten? Auch auf der individuellen Ebene stellt sich die Frage nach Formen des Emotionsmanagements, wenn etwa unterschiedliche Erwartungen und Bewertungsmaßstäbe für Geschlechter oder Generationen gelten. Wie

---

[14] Vgl. Patrick Bormann/Thomas Freiberger/Judith Michel, Theoretische Überlegungen zum Thema Angst in den internationalen Beziehungen, in: dies. (Hrsg.), Angst, S. 13–43, hier S. 29–33; Birgit Aschmann, Vom Nutzen und Nachteil der Emotionen in der Geschichte. Eine Einführung, in: dies. (Hrsg.), Gefühl und Kalkül. Der Einfluss von Emotionen auf die Politik des 19. und 20. Jahrhunderts, Stuttgart 2005, S. 9–32, hier S. 31.

verhält sich also der strategische Einsatz von Emotionen zu ihrer Gefühlsqualität, und welche Bedeutung kam beiden Ebenen in konkreten Konstellationen zu? Zu fragen ist auch nach den spezifischen Herausforderungen, die sich durch die doppelte Ausrichtung von Außenpolitik sowohl nach außen als nach innen ergeben und die es gleichermaßen mit Gefühlslagen von Individuen als auch mit kollektiven Emotionen zu tun hat.

Der Ost-West-Konflikt schuf neue Bündnissysteme und Formen und Foren des internationalen Austauschs, in die sowohl die Bundesrepublik als auch die DDR eingebunden waren, insbesondere durch die europäische Integration, institutionalisierte Treffen wie die der sieben wichtigsten Industriestaaten oder der blockübergreifenden KSZE sowie im Falle der DDR über die regelmäßigen Konsultationen der „Bruderstaaten". Wie wirkten sich militärische und wirtschaftliche Machtgefälle auf das Vertrauensverhältnis zwischen Staaten und Politikern aus, die während des Ost-West-Konflikts aufeinander angewiesen waren? In welchem Verhältnis standen institutionalisierter, formalisierter und reglementierter Austausch und Vertrauensbildung? Halfen die neuen Strukturen beim Aufbau von Vertrauen, oder waren sie ein Ersatz für Vertrauen und dienten dazu, Misstrauen zu überbrücken, da sie zum regelmäßigen Kontakt zwangen? Verhinderten sie gar Vertrauensbildung durch Regelungen, Abkommen, Zeitpläne und festgelegte Wege? Gleiches lässt sich auch für Waffen- und Informationstechnologie fragen. Welche Umgangsformen mit enttäuschtem Vertrauen entstanden innerhalb dieser Strukturen? Spielte interpersonales Vertrauen oder Misstrauen hier überhaupt noch eine Rolle? Im Falle des westlichen Bündnisses ist darüber hinaus zu fragen, ob, wie und warum das Vertrauen der Akteure in die ja präzedenzlosen Institutionen und ihre Problemlösungskraft wuchs.

Auch Verhandlungen wie die über die EVG erscheinen in einem neuen Licht: Betrachtet man sie als Phase des intensivierten Kontakts, so lässt sich fragen, ob Erfolg oder Misserfolg von Verhandlungen nur an deren konkreten Ergebnissen gemessen werden kann oder ob nicht auch einbezogen werden muss, wenn das gegenseitige Kennenlernen zum Aufbau von Vertrauen oder Misstrauen führte, das künftige Kooperationen ermöglichte oder verhinderte.

Damit tragen der emotionsgeschichtliche Ansatz und der Fokus auf Vertrauen auch zu einer zeitgeschichtlichen Forschung bei, die *Zeit* als Analysekategorie stark macht, wie es jüngst Till Kössler und Alexander Geppert angeregt haben[15]. Die Politikgeschichte ist voll von Zeit-Konflikten, Zeit-

---

[15] Vgl. Alexander Geppert/Till Kössler (Hrsg.), Zeit-Geschichte, Göttingen 2014 (im Erscheinen).

Angeboten und Spielen auf Zeit, die nicht nur auf äußeren Zwängen beruhten, sondern auch emotionale Befindlichkeiten berücksichtigten, beispielsweise die Zeit, die notwendig ist, um Enttäuschung zu überwinden, Angst zu erzeugen, Vertrauen aufzubauen oder Misstrauen zu schüren. Die Westintegration der Regierung Adenauer, die Ostpolitik Willy Brandts oder die KSZE zeigen dies eindrücklich. Hier gilt es Mischungsverhältnisse auszuloten und nach dem Gewicht von Emotionen zu fragen.

Der vorliegende Band kann auf der Basis einiger Fallbeispiele nur erste Antworten auf solche Fragen geben und versuchen, das Potential der Kategorie Vertrauen in den internationalen Beziehungen auszuloten. Dabei geht es nicht darum, Gefühle und insbesondere Vertrauen über andere Zugriffe auf die Geschichte der internationalen Beziehungen zu stellen. Doch wenn sie gleichberechtigt neben anderen Erklärungsansätzen stehen, hilft der emotionsgeschichtliche Zugriff, Handlungen und Haltungen besser zu erfassen, Entwicklungsgeschwindigkeiten und Veränderungsdynamiken zu erklären sowie Anteile von *structure* und *agency* zu gewichten. Gerade die Geschichte der Bundesrepublik ist häufig als Geschichte von Vertrauens- und Misstrauenskonjunkturen erzählt worden, nicht selten mit einem Zug ins Mythologisierende. Solche Narrative zu historisieren und den Vertrauensbegriff analytisch fruchtbar zu machen, ist Aufgabe einer Geschichtswissenschaft, die „vergangene Gefühle" als handlungsleitende und strukturbildende Faktoren ernst nimmt[16].

---

[16] Jan Plamper, Vergangene Gefühle, in: APuZ 32-33/2013, S. 12–19.

Philipp Gassert
„Vertrauen, Einsicht und guten Willen zu wecken"
Überlegungen zu einem Zentralbegriff westdeutscher Außenpolitik

1. Eine vertrauenswerte Republik?

Anlässlich des 100. Geburtstags von Reichsaußenminister Walther Rathenau am 6. Oktober 1967 stellte dessen westdeutscher Nachfolger, der damalige Bundesaußenminister und Vizekanzler, Willy Brandt, grundsätzliche Überlegungen zu den Bedingungen deutscher Außenpolitik „nach zwei Weltkriegen" an:

> „Die deutsche Außenpolitik verfügte nach den Kriegen über keinerlei Machtmittel, die konventionell als Attribute der Souveränität gelten. Neben technischem und wirtschaftlichem Leistungsvermögen werden intellektuelle und moralische Kraft zu ihren wesentlichen Werkzeugen. Die Außenpolitik war darauf angewiesen, Vertrauen, Einsicht und guten Willen zu wecken."[1]

Brandt sprach hier im Namen der ersten Großen Koalition, die Unionsparteien und SPD im Dezember 1966 geschlossen hatten. Diese hatte es sich unter anderem zur Aufgabe gemacht, einen „neuen Anfang" in der Außen- und Deutschlandpolitik zu finden. Die Große Koalition strebe, so ihr Kanzler Kurt Georg Kiesinger in seiner ersten Regierungserklärung, mit „allen Völkern" Beziehungen an, „die auf Verständigung, auf gegenseitiges Vertrauen und auf den Willen zur Zusammenarbeit gegründet sind". Das zielte insbesondere auch auf die Sowjetunion und die Staaten des Warschauer Pakts[2].

Bekanntlich versuchte die Bundesrepublik in den 1960er und 1970er Jahren, ihre Beziehungen nach Osteuropa auf eine neue Basis zu stellen. Dies tat sie nicht primär aus einem moralischen Imperativ heraus, obwohl hinter der Ostpolitik auch ein ethisches Prinzip stand. Vielmehr galt es, den Anschluss an den westlichen Geleitzug nicht zu verlieren, der seit der Berlin-

---

[1] Willy Brandt in einer Gedenkrede zum 100. Geburtstag von Walter Rathenau am 6.10.1967; zit. nach Christian Hacke, 60 Jahre Außenpolitik der Bundesrepublik Deutschland, in: Hans-Peter Schwarz (Hrsg.), Die Bundesrepublik Deutschland. Eine Bilanz nach 60 Jahren, Köln 2008, S. 487–510, hier S. 491.
[2] Regierungserklärung der Großen Koalition am 13.12.1966, in: Kurt Georg Kiesinger, Die Große Koalition 1966–1969. Reden und Erklärungen des Bundeskanzlers, hrsg. von Dieter Oberndörfer, Stuttgart 1979, S. 6–27, hier S. 19.

und Kuba-Krise in Richtung Entspannung fuhr[3]. Die Halsstarrigkeit, mit der sich die bundesdeutsche Außenpolitik diesem Trend verschloss, drohte sie innerhalb des westlichen Lagers zu isolieren. Damit stand das bis dahin erarbeitete Vertrauen in die Verlässlichkeit der Bundesrepublik auf dem Spiel, und daher wurden seit den 1960er Jahren auch aus bündnispolitischer Notwendigkeit heraus nicht mehr nur die USA, Frankreich, Großbritannien, sondern zunehmend auch die östlichen Kontrahenten zum Adressaten westdeutschen Werbens um Vertrauen.

„Vertrauen, Einsicht und guten Willen zu wecken" – das hätte ebenso gut von Konrad Adenauer, Ludwig Erhard, Helmut Schmidt oder Helmut Kohl stammen können, aber auch von Heinrich von Brentano, Gerhard Schröder, Walter Scheel oder Hans-Dietrich Genscher. Letzteren hat der „Spiegel" in einem historischen Rückblick einmal leicht süffisant als „Vertrauensmann" tituliert[4]. Und in der Tat: Ehemalige Mitarbeiter Genschers rücken das persönliche Vertrauenswirken des „ewigen" Außenministers stark in den Vordergrund[5]. Aber nicht allein Genscher führt das Wort Vertrauen gern im Mund: Von praktisch allen Kanzlern und den Außenministern der alten Republik lassen sich Belegstellen beibringen, wo diese sich über das Vertrauen ausließen, das man schon genieße, das zu erhalten oder das noch zu gewinnen sei.

Vertrauen und das Werben um Verständnis und guten Willen, das Bemühen um den Abbau von Misstrauen war eine zentrale Dimension westdeutscher Außenpolitik in vier Jahrzehnten. Vertrauen war – so lässt sich das vorherrschende Narrativ in drei Sätzen zugespitzt auf den Punkt bringen – in der Ära Adenauer mühsam erworben worden. Dann drohte es in den Kontroversen um die Ostpolitik und den NATO-Doppelbeschluss zeitweilig verspielt zu werden. Allen Anfechtungen der 1960er, 1970er und frühen 1980er Jahre zum Trotz hatte sich aber die Bundesrepublik gegen Ende des Kalten Kriegs einen ausreichend großen Vertrauensvorschuss erwirtschaftet: Als die DDR 1989 die Grenze öffnete und die Mauer fiel, zahlte sich das jahrzehntelange Vertrauenswerben aus.

Auch aus innenpolitischen Gründen war Vertrauenspolitik gute Politik: Wer Vertrauen im Ausland erwarb, der rechtfertigte das Vertrauen der Wäh-

---

[3] Vgl. Gottfried Niedhart, Entspannung in Europa. Die Bundesrepublik Deutschland und der Warschauer Pakt 1966 bis 1975, München 2014, S. 43 f.
[4] Spiegel Online vom 21.11.2011: „Neue Genscher-Biographie: Der Vertrauensmann" (Klaus Wiegrefe); www.spiegel.de/politik/deutschland/neue-genscher-biografie-der-vertrauensmann-a-799004.html.
[5] Vgl. Hans-Dieter Heumann, Hans-Dietrich Genscher. Die Biographie, Paderborn 2012, S. 40 und S. 49 ff.

ler. Gerne ließen sich Politiker attestieren, dass sie Vertrauen genossen: „Sein Vertrauen in die Bonner Führung sei total, ohne Zweifel und umfassend" – so US-Außenminister Alexander Haig Anfang 1981, als es erste Konflikte zwischen der neu ins Amt gekommenen Reagan-Administration und der Regierung Schmidt-Genscher auszuräumen galt[6]. Die diplomatischen Berichte des Auswärtigen Amts kamen immer wieder darauf zurück, dass dieser oder jener deutsche Politiker von seinen internationalen Gesprächspartnern als vertrauenswürdig eingeschätzt werde.

Die Fähigkeit, erfolgreich im Ausland um Vertrauen zu werben, war aber nicht allein ein wahlkampftaugliches Argument und Kriterium für politischen Erfolg. Vertrauen wurde im Lauf der Geschichte der alten Republik zu einem Code für Einfluss, Macht und Recht auf Mitsprache. Die westdeutsche Politik wollte oder musste sich schon habituell klar und deutlich von der brutalen machtegoistischen Politik der Epoche vor 1945 absetzen. Doch indem die Bundesrepublik geradezu rührend um Vertrauen warb und das zu einem Maßstab ihrer Außenpolitik machte, erweiterte sie Handlungsspielräume. Sie tat dies auf scheinbar weiche Art. Vertrauensbildung war ein markantes Erkennungszeichen westdeutscher Außenpolitik und hatte sich zu Beginn der 1970er Jahre zum Kern ihres außenpolitischen Stils als „Zivilmacht" verfestigt[7]. So suchte sich die Bundesrepublik von den Beschränkungen ihrer Außenpolitik auf wenig angreifbare Art frei zu machen und konsolidierte ihre europäische Schlüsselposition.

Im Folgenden wird die Frage aufgeworfen, was der Fokus auf den Begriff Vertrauen für ein Verständnis der westdeutschen Außenpolitik in vier Jahrzehnten erbringt. Inwiefern lassen sich internationale Beziehungen nicht allein durch die Untersuchung von Machtverhältnissen (im Sinne des außenpolitischen Realismus) oder Interessen (was der liberale Ansatz wäre), sondern auch durch psychologische und kulturelle Faktoren erklären (wie Angst, oder eben Vertrauen)? Das sind keine ganz neuen Fragen, denn Gefühle sind seit einigen Jahren ein wichtiger Gegenstand auch der außenpolitischen Forschung[8]. Hier soll der Fokus auf der Rhetorik des Vertrauens liegen, die mit Gefühlen als Mittel der politischen Kommunikation arbeitet.

---

[6] So Außenminister Haig in einem Gespräch mit Bundesaußenminister Genscher am 9.3.1981 in Washington; Akten zur Auswärtigen Politik der Bundesrepublik Deutschland 1981, Bd. 1: 1. Januar bis 30. April 1981, bearb. von Daniela Taschler, Matthias Peter und Judith Michel, München 2012, Dok. 61: S. 328–333, hier S. 329.
[7] Vgl. Lars Colsen, Deutsche Außenpolitik, Paderborn 2012, S. 356.
[8] Aus Platzgründen muss hier auf Nachweise verzichtet werden; vgl. die in der Einleitung von Reinhild Kreis zitierte Literatur.

Die physiologische Komponente von Vertrauenspolitik liegt jenseits meiner Fragestellung und fachlichen Kompetenz. Es geht um die Wortwahl in der Außenpolitik und deren Vermittlung nach innen, nicht um Emotionen im eigentlichen Sinne.

Daher möchte ich am konkreten Gegenstand anhand ausgewählter Beispiele zeigen, welche Rolle die Rhetorik des Vertrauens in der Außenpolitik der alten Bundesrepublik spielte. Von Adenauer anfangs forciert, war bis in die 1970er Jahre in der Wahrnehmung deutscher Politiker ein Grundstock an Vertrauen erworben worden, dessen Erosion es nun zu verhindern galt, weil dies die bundesrepublikanische Position wieder gefährdet hätte. Die Qualität des Sprechens über Vertrauen änderte sich aber vermutlich auch, weil der Wandel der Gesellschaft, der politischen Kultur und der politischen Kommunikation die Darstellung von Außenpolitik beeinflusste, aber auch die Bundesrepublik wieder selbstbewusster auftreten konnte. So wuchs der symbolische Stellenwert von Vertrauen als Charakteristikum einer gefestigten Zivilgesellschaft in dem Maße, wie sich die politische Kultur demokratisierte und die internationale Rolle Westdeutschlands normalisierte.

2. Die Rhetorik des Vertrauens im Überblick

Als Ausgangspunkt kann eine bekannte Karikatur im „Punch" dienen, der 1950 den Schuman-Plan und die Europäische Gemeinschaft für Kohle und Stahl (EGKS) als eine Strategie zur Überwindung von Misstrauen im deutsch-französischen Verhältnis und damit in Europa darstellte. Wir sehen Adenauer und Schuman jenseits eines tiefen Canyons von *Mistrust* und *Suspicion* stehen, der mit dem Stahlträger der Montanunion überbrückt werden soll[9]. Dies entsprach Adenauers Ansatz, die Beschränkungen der deutschen Souveränität durch die Suche nach gemeinsamen Interessen mit den westlichen Ländern zu mindern und die deutsche Position durch Vorleistungen und ein unermüdliches Vertrauenswerben zu verbessern[10]. Die rückblickenden Deutungen der Protagonisten unterstreichen diese Sicht, wenn etwa Robert Schuman 1963 in seinen Erinnerungen davon sprach, dass durch die EGKS „an Stelle der traditionellen Rivalität und des Misstrauens [...] eine Interessengemeinschaft getreten" sei, welche die Ursachen

---

[9] Vgl. Punch vom 17.5.1950; http://punch.photoshelter.com/image/I0000RFi6_FSbvSc.
[10] Vgl. Jürgen Weber, Der Ausweg aus dem deutsch-französischen Dilemma: Schuman-Plan und Westintegration, in: ders. (Hrsg.), Geschichte der Bundesrepublik Deutschland, Bd 4: Die Bundesrepublik wird souverän 1950–1955. Ära Adenauer I, München 3., stark überarbeitete Aufl. 1998, S. 17–43, hier S. 21.

eines „anscheinend unheilbaren Antagonismus" haben verschwinden lassen. Schon 1963 war die EKGS zu einem Mythos geworden[11]. Das begründete auch den „Primat der Außenpolitik" in Adenauers Augen:

> „Ich kann die anderen Sachen, deren Notwendigkeit ich durchaus bejahe, eben nicht in der richtigen Weise erledigen, wenn wir nicht in der Außenpolitik so behutsam wie nur irgend möglich vorgehen und dazu beitragen, daß eine Verständigung im Lager der freien Völker eintritt, damit man uns wieder Vertrauen schenkt."[12]

Tatsächlich gelang es vor dem Hintergrund des Kalten Kriegs erstaunlich rasch, Fesseln abzustreifen. 1955, zehn Jahre nach der bedingungslosen Kapitulation, gewann Bonn mit dem Eintritt in die NATO ein hohes Maß an außenpolitischer Autonomie und Mitsprache zurück. Aber schon 1953 glaubte Adenauer, zu Beginn seiner zweiten Amtsperiode konstatieren zu können, dass die Zusammenarbeit mit den westlichen Alliierten, durch eine „vertrauensvolle positive Zusammenarbeit gekennzeichnet" sei[13]. Umgekehrt signalisierte man wiederum den Franzosen und Amerikanern, dass das deutsche Volk Vertrauen zu ihnen habe[14]. Auch wenn die Bundesrepublik ihre rasche Westintegration und Wiederaufnahme in den Kreis der „zivilisierten Nationen" überwiegend dem geostrategischen Konflikt der beiden Supermächte zu verdanken hatte und zugleich dem Bedürfnis ihrer Alliierten, das westdeutsche Potential produktiv einzuhegen, punktete Adenauer gern mit dem Verweis auf das gewonnene Vertrauen.

Vertrauenswerben durchzieht als roter Faden die außenpolitische Rhetorik des ersten Bundeskanzlers. Er setzte dies innenpolitisch – vor allem in Wahlkämpfen – schon in den 1950er Jahren gezielt ein[15]. Obwohl sich Anfang der 1960er Jahre die Kritik am Gründungskanzler der Republik potenzierte, stütze er sich im Kampf um das Palais Schaumburg gerne auf seine internationale Vertrauensposition. So erreichte er im September 1961 trotz des Baus der Berliner Mauer, die als eine Bankrotterklärung seiner Politik

---

[11] Robert Schuman, Für Europa, Hamburg 1963, S. 118.
[12] Adenauer: Teegespräche 1955–1958, bearb. von Hanns Jürgen Küsters, Berlin 1986, Dok. 3 (Teegespräch am 1. 3. 1956): S. 44–64, hier S. 61.
[13] So Bundeskanzler Adenauer am 20. 10. 1953 in einer Regierungserklärung; 40 Jahre Außenpolitik der Bundesrepublik Deutschland, hrsg. vom Auswärtigen Amt, Stuttgart 1989, Dok. 24: S. 60–64, hier S. 61.
[14] Vgl. Heuss – Adenauer: Unserem Vaterlande zugute. Der Briefwechsel 1948–1963, bearb. von Hans Peter Mensing, Berlin 1989, Nr. 232 (Konrad Adenauer an Theodor Heuss vom 20. 4. 1960): S. 300f.
[15] Vgl. Thomas Mergel, Propaganda nach Hitler. Eine Kulturgeschichte des Wahlkampfs in der Bundesrepublik 1949–1990, Göttingen 2010, S. 211f.

der Westintegration galt, gegen innerparteilichen Widerstand seine Wiederwahl als Kanzler mit dem Argument, dass die Welt in dieser gefährlichen Situation nur ihm und keinem anderen vertraue. „Unsere Position ist noch immer die, daß die heutige Generation in Deutschland dieses schauderhafte Erbe angetreten hat [...]. Und das wird jetzt erledigt werden müssen [...]." Für Berlin werde eine Lösung gefunden, „aber es werden auch Enttäuschungen kommen für die deutsche Öffentlichkeit". Die Botschaft war klar: Diese schwierige Aufgabe könne Adenauer unmöglich einem Nachfolger überlassen, wobei er vor allem an den ungeliebten Ludwig Erhard dachte[16].

Der Wahlkampf 1961 geriet partiell zu einem Wettbewerb darüber, wer im Westen als vertrauenswürdiger galt: der Regierende Bürgermeister der „Frontstadt" Berlin, Willy Brandt, oder der Kanzler. So warb die Union mit einem Plakat: „Vertrauen in der Welt. So sind die Leistungen des Volkes unter der Führung der CDU/CSU"[17]. Brandt wiederum ließ Wahlkampfbroschüren mit dem Titel „Vertrauen" verteilen, die ihn „im vertraulichen Gespräch" mit John F. Kennedy zeigten. Die Botschaft war klar: Brandt als Exponent einer neuen Politikergeneration genoss das Vertrauen des jugendlichen amerikanischen Präsidenten, nicht dagegen der alternde Kanzler, der Kennedy auf die Nerven ging[18]. Die SPD suchte nun den Spieß umzudrehen. Sie übernahm Adenauers Argument, Vertrauenswerbung im Westen sei eine Kardinalaufgabe deutscher Außenpolitik, aber wendete dies gegen den Gründungskanzler, der dieses Vertrauen aufgrund seiner amerikakritischen Haltung und seiner Hinwendung zu Charles de Gaulle nicht mehr zu rechtfertigen schien.

Als Brandt ab 1969 selbst die Richtlinien der deutschen Politik bestimmte, stellte er das Werben um Vertrauen erneut ins Zentrum seiner Überlegungen. Deutlich wird bei Brandt wie zuvor bei Adenauer die Dialektik von Innen- und Außenpolitik, wobei er nun das Werben um Vertrauen in eine Neujustierung der Außenpolitik an den gesellschaftlichen

---

[16] So Konrad Adenauer vor dem CDU-Bundesvorstand am 19. 9. 1961; Adenauer: „Stetigkeit in der Politik". Die Protokolle des CDU-Bundesvorstands 1961–1965, bearb. von Günter Buchstab, Düsseldorf 1998, S. 43 f. (Zitat) und S. 49; vgl. auch Tim Geiger, Atlantiker gegen Gaullisten. Außenpolitischer Konflikt und innenpolitischer Machtkampf in der CDU/CSU 1958–1969, München 2008, S. 133.
[17] Das Plakat findet sich unter: www.bild.bundesarchiv.de (Plak 005-009-043). Vgl. auch den CDU-Wahlkampfslogan für die Kampagne 1961: „12 Jahre allen voran – Darauf vertraut man – CDU"; www.kas.de/wf/de/71.8940.
[18] Vgl. Judith Michel, Willy Brandts Amerikabild und -politik 1933–1992, Göttingen 2010, S. 147; die Broschüre erwähnt Daniela Münkel, Als „deutscher Kennedy" zum Sieg? Willy Brandt, die USA und die Medien, in: ZF 1 (2004), S. 172–194, hier S. 189.

Wandel im Inneren zurückband. In seiner ersten Regierungserklärung als Bundeskanzler interpretierte Brandt den „Machtwechsel" als demokratische Bewährungsprobe, die „unserem Staat zu neuem Vertrauen in der Welt verholfen" habe. Zugleich betonte er nachdrücklich, dass das Bündnis auf wechselseitigem Vertrauen beruhe, um eventuellen Kritikern der Opposition den Wind aus den Segeln zu nehmen:

> „Wir brauchen zu unserer Sicherheit Freunde und Verbündete, so wie sie zu ihrer Sicherheit uns und unseren Beitrag brauchen. Ohne gegenseitiges Vertrauen in die politische Stabilität dieser Einsicht sind weder Bündnis noch Sicherheit aufrechtzuerhalten. Wir werden deshalb in und gegenüber dem Bündnis die bisherige Politik fortsetzen und erwarten dies auch von unseren Bündnispartnern [...]."[19]

Vertrauen wurde nun stärker als wechselseitiges Verhältnis interpretiert und eingefordert, während bei Adenauer der Fokus überwiegend auf dem Erwerb westlichen Vertrauens gelegen hatte.

Im Bundestagswahlkampf 1972 hielt der Oppositionsführer und Spitzenkandidat der Union, Rainer Barzel, mit ganz ähnlichen Inszenierungselementen dagegen. Auch wenn der mit dem Friedensnobelpreis geadelte Brandt für sich ins Feld führen konnte, dass er das Vertrauen der Welt in das neue Deutschland verkörpere, so wollte Barzel diesen Punkt keineswegs konzedieren. Die Wahlkampfbroschüre „16 Seiten Rainer Barzel" zeigt ihn in Gesprächen (am Kamin) mit den amerikanischen Politikern Kennedy, Richard Nixon und Henry Kissinger oder aber im „vertraulichen Austausch" mit dem britischen Premier Edward Heath sowie mit dem sowjetischen Ministerpräsidenten Alexei Kossygin in Moskau. Dieses Gespräch sei „hart in der Sache" verlaufen, doch von gegenseitigem menschlichem Respekt geprägt gewesen. Auch wurde ein französischer Diplomat mit den Worten zitiert, Barzel gehöre zu den wenigen deutschen Politikern, „die das Vertrauen Pompidous" besäßen[20]. Zwar scheiterte Barzels Strategie kläglich, denn vertrauenspolitisch war Brandt 1972 nicht zu übertrumpfen. Doch die erneute öffentliche Inszenierung der internationalen Vertrauenswürdigkeit beider Spitzenkandidaten 1972 spricht für die Bedeutung der Vertrauensrhetorik als inzwischen gefestigtem Kern der außenpolitischen Kommunikationsstrategie westdeutscher Politiker.

---

[19] So Bundeskanzler Brandt in einer Regierungserklärung am 28.10.1969; www.hdg.de/lemo/html/dokumente/KontinuitaetUndWandel_erklaerungBrandtRegierungserklaerung1969.

[20] Zit. nach Carsten Penzlin, Rainer Barzel als Kanzlerkandidat im Bundestagswahlkampf 1972, in: HPM 14 2007, S. 121–136, hier S. 126.

Vertrauen wurde von Brandt wie schon zuvor von Adenauer, Erhard und Kiesinger, aber eben auch von Barzel wie allen späteren Oppositionsführern, nicht zuletzt darüber kommuniziert, dass Fotos über den jeweiligen Politiker im „vertraulichen Gespräch" mit dem ausländischen Gegenüber zirkulierten. In diesem Zusammenhang fällt auf, dass hier vor allem für das heimische Publikum eine Art Bildsprache entwickelt wurde, die deutsche Politiker auf Augenhöhe mit den Politikern anderer Staaten zeigt. Das war kein rein deutsches Phänomen. Vielmehr gerieten mit der rasanten Zunahme der persönlichen Kontakte zwischen Spitzenpolitikern seit den 1960er Jahren immer häufiger Fotos in Umlauf, die internationale Beziehungen als Beziehungen zwischen den Protagonisten zeigten, in die Bildsprache privat-persönlicher Freundschaften übersetzten und dies den jeweiligen Gesellschaften kommunizieren. Folgerichtig sollten solche Fotos nicht an die Öffentlichkeit gelangen, die eine persönliche Verstimmung erkennen ließen. Dies war etwa bei einem konfliktreichen Treffen zwischen Bundeskanzler Kiesinger und Präsident Lyndon B. Johnson im Frühjahr 1967 der Fall, als es in Bonn wegen der ablehnenden Haltung des westdeutschen Regierungschefs gegen bestimmte Aspekte des Nichtverbreitungsvertrags für Kernwaffen so richtig „zur Sache" ging[21].

Anfang der 1970er Jahre verstärkte sich die Sorge, die schon bei Adenauer immer wieder angeklungen war: Die Deutschen, die (jedenfalls in ihrem Selbstverständnis) einigermaßen in den Kreis der zivilisierten Nationen zurückgekehrt waren, könnten leichtfertig den Kredit verspielen, den sie seit 1949 mühsam erworben hatten. Als die Opposition die Ostverträge zu blockieren drohte, warnte die Bundesregierung, dass dadurch das deutsche Vertrauen im Ausland verspielt und die Angst vor einem deutschen Revanchismus geweckt werde. Auch sei diese Politik im engen „vertrauensvollen Austausch" mit den Verbündeten eingeleitet worden[22]. Da Bundeskanzler Brandt, Außenminister Scheel und Egon Bahr angeblich für Nixon und Kissinger zu selbstständig agierten, wurden demonstrative Vertrauensgesten inszeniert wie ein dreitägiger Besuch von Willy Brandt im *presidential retreat* Camp David[23]. Prompt versicherte Nixon dem Kanzler, „er habe Vertrauen zu

---

[21] Eine Auswahl findet sich bei Thomas A. Schwartz, Lyndon Johnson and Europe: In the Shadow of Vietnam, Cambridge (Mass.) 2003, S. 184ff.
[22] So in einem Gespräch zwischen Brandt und Pompidou am 30.1.1970; Willy Brandt. Berliner Ausgabe, Bd. 6: Ein Volk der guten Nachbarn. Außen- und Deutschlandpolitik 1966–1974, bearb. von Frank Fischer, Bonn 2005, Dok. 30: S. 268–277, hier S. 269.
[23] Vgl. Michel, Brandts Amerikabild, S. 234.

unserer Politik". Brandt sah im Rückblick alle Zweifel zerstreut, auch wenn diese weiter anhalten sollten[24].

Oppositionsführer Barzel, der immer wieder auf den mangelnden Enthusiasmus der USA für die Ostpolitik aufmerksam machte und auf eine stärkere bündnispolitische Einbindung der Gespräche mit Moskau drängte[25], betrieb seinerseits erheblichen Aufwand, um seine Forderung nach „besseren Verträgen" sowohl in der eigenen Partei als auch gegenüber Paris, London und Washington zu kommunizieren. So versuchte er, seine Kritik an der Ostpolitik dadurch abzusichern, dass er öffentlich wahrnehmbar Vertreter der Westmächte konsultierte – und sich ihnen als der vertrauenswürdigere Partner darstellte. Er streute Zweifel, dass Bonn den Verbündeten die ganze Wahrheit über die Moskauer Verhandlungen sagte. Umgekehrt unterhöhlte er in Bonn das Image des Bundeskanzlers, indem er insinuierte, dass Brandt in Washington keineswegs als besonders vertrauenswürdig galt. Von der UdSSR wiederum forderte Barzel, Beziehungen zu pflegen, „die sich nicht auf die Angst der Nachbarn, sondern auf Vertrauen gründen". In Barzels Darstellung agierten Brandt, Bahr und Scheel gegenüber Moskau zu vertrauensselig und zu naiv[26].

Auch die Auseinandersetzung um den NATO-Doppelbeschluss zehn Jahre später wurde mit Argumenten für und wider eine Festigung der westdeutschen Glaubwürdigkeit und Vertrauensposition geführt. Der Doppelbeschluss war nicht zuletzt aus einer gewissen Verärgerung Schmidts darüber geboren worden, dass die deutschen beziehungsweise westeuropäischen Interessen an einer Einbeziehung der (später dann so genannten) Mittelstreckenraketen in die SALT-Verhandlungen der Supermächte nicht ausreichend berücksichtigt

---

[24] Willy Brandt, Erinnerungen. Sonderausgabe für die DDR, Berlin 1990, S. 191; Brandt hob sein gutes Verhältnis zu amerikanischen Politikern schon als „Regierender" von Berlin hervor (ebenda, S. 190): „Ich kannte die Präsidenten ebensogut wie eine Reihe von einflussreichen Senatoren; mit John F. Kennedy hatte mich ein besonderes Verhältnis verbunden, doch auch die Begegnungen mit Lyndon B. Johnson waren von Vertrauen geprägt gewesen."
[25] Vgl. Bernd Schaefer, The Nixon Administration and West German Ostpolitik, 1969–1973, in: Matthias Schulz/Thomas A. Schwartz (Hrsg.), The Strained Alliance. U.S.–European Relations from Nixon to Carter, New York 2010, S. 45–64.
[26] So Barzel in seinen Ausführungen vor dem CDU-Bundesvorstand am 23.4.1970; Barzel: „Unsere Alternativen für die Zeit der Opposition". Die Protokolle des CDU-Bundesvorstands 1969–1973, bearb. von Günter Buchstab und Denise Lindsay, Düsseldorf 2009, S. 224; vgl. auch Rainer Barzel, Im Streit und umstritten. Anmerkungen zu Konrad Adenauer, Ludwig Erhard und den Ostverträgen, Berlin 1986, S. 157 ff.; Rainer Barzel, Die Tür blieb offen. Mein persönlicher Bericht über Ostverträge, Misstrauensvotum, Kanzlersturz, Bonn 1998, S. 70.

wurden. Der Deal über strategische Waffen machte Europa im Eventualfall schutzlos gegenüber sowjetischer Erpressung. Dahinter stand die latente Befürchtung, die schon Adenauer im Kontext des Radford-Planes 1956 und Kiesinger während der Debatte über den Nonproliferationsvertrag 1967 geäußert hatten, die Bundesrepublik könne von der amerikanischen Sicherheitsgarantie abgekoppelt und ein Nuklearkrieg regionalisierbar und damit „führbar" werden. Es dürfte auch fehlendes Vertrauen in die USA und ihren Präsidenten Jimmy Carter gewesen sein, das beim NATO-Doppelbeschluss Pate stand.

Nachdem jedoch der Doppelbeschluss in die Wege geleitet worden war, warb Schmidt nicht allein mit strategischen und sicherheitspolitischen Argumenten dafür. Die Opposition in der SPD und der Widerstand der Friedensbewegung gegen die Nachrüstung drohten, in Schmidts Sicht jedenfalls, die hart erarbeitete Vertrauensposition der Bundesrepublik im Westen zu beschädigen. Als Beispiel kann die legendäre Kontroverse auf dem Hamburger Kirchentag 1981 zwischen Schmidt und dem Kieler CDU-Ministerpräsidenten Gerhard Stoltenberg einerseits und dem ehemaligen SPD-Bürgermeister von Berlin, Heinrich Albertz, andererseits dienen. Albertz rutschte auf dieser Podiumsdiskussion der Satz heraus, man müsse der Wahrheit ins Auge sehen: Eine Folge des „entsetzlichen Hitler-Krieges" sei, „dass wir in beiden Teilen Deutschlands nicht nur Verbündete haben, sondern besetztes Land sind"[27]. Schmidt rügte Albertz auch deshalb heftig, weil doch die Bundesrepublik drauf und dran sei, ein „wirklicher Partner" der USA zu werden. Wer das Vertrauen der NATO-Partner beschädige, der schade nicht nur den unmittelbaren Sicherheitsinteressen der Bundesrepublik, sondern reduziere das internationale Standing der Bundesregierung.

Dieser Argumentation folgte auch die Regierung Kohl, die die Bündnisloyalität hochhielt und der SPD-Opposition in der Debatte über den NATO-Doppelbeschluss vorwarf, das über drei Jahrzehnte akkumulierte Vertrauen in die Verlässlichkeit der Bundesrepublik zu untergraben. „Es geht darum, ob das Bündnis auf der Grundlage vertrauensvoller und freundschaftlicher Beziehungen Westeuropas zu den Vereinigten Staaten von Amerika und Kanada auch in den letzten Jahren dieses Jahrhunderts seine Aufgabe erfüllen kann, Frieden und Freiheit zu sichern", so Kohl in der großen,

---

[27] So Heinrich Albertz während des Podiumsgesprächs „Wie christlich kann Politik sein?" am 19.6.1981 in der Sporthalle Alsterdorf, in: Hans-Jochen Luhmann/Gundel Neveling (Hrsg.), Deutscher Evangelischer Kirchentag Hamburg 1981. Dokumente, Stuttgart 1981, S. 692.

finalen Debatte des Bundestags über die Implementierung des Stationierungsteils des NATO-Doppelbeschlusses am 21. November 1983[28]. Die Kritiker der Nachrüstung forderten dagegen „mehr Vertrauen – weniger Waffen" und setzten auf Vertrauensbildung als wünschenswerte Entwicklung im Ost-West-Verhältnis, die durch die Stationierung verhindert werde[29]. Auch hoben viele Nachrüstungskritiker ihrerseits auf ihre Vertrauensposition bei der inneramerikanischen Opposition gegen Ronald Reagans Politik ab. Sie sahen sich in einer Allianz des Misstrauens gegenüber den Regierenden beiderseits des Atlantiks und pflegten ihre eigene Vertrauensrhetorik. Auch dies spricht für die Festigung der vertrauenspolitischen Rhetorik als Kern des außenpolitischen Stils der Bundesrepublik.

Neben Genscher und zuvor auch Brandt und Barzel stellte vor allem Kohl Vertrauen als etwas dar, das überwiegend auf starken persönlichen Kontakten und einem entsprechenden dauerhaften Einsatz als Außenpolitiker beruhte. Im zweiten Band seiner Erinnerungen überschrieb er ein ganzes Kapitel mit dem Titel „Vertrauen schaffen"[30]. Dieses Kapitel beschäftigt sich überwiegend mit der europäischen Integration und den deutsch-französischen Beziehungen, aber auch den Sitzungen der europäischen Gremien. Die Bildsprache und die Unterschriften der dem Band beigegebenen Farbfotoessays ist eindeutig: „Gute Freunde" (mit François Mitterrand), „Mit George und Barbara Bush auf einer romantischen Rheinfahrt zur Loreley", „deutsch-amerikanische Freundschaft" (mit Reagan), „Termine in aller Welt", „herzlicher Empfang in Tibet". Aber nicht nur der Kanzler, auch die Opposition war wie schon in den 1970er Jahren soweit vertrauenspolitisch konditioniert, dass dieser Begriff schlechterdings nicht mehr aus dem politischen Vokabular der internen und externen Kommunikation des außenpolitischen Handelns der alten Bundesrepublik wegzudenken war.

3. Systematische Ableitungen

Vertrauen hatte sich in den 1970er Jahren als ein zentraler Begriff westdeutscher Außenpolitik endgültig durchgesetzt, nachdem Brandt Adenauers Rhetorik dahin gehend abgewandelt hatte, dass Vertrauenswerben auch von den

---

[28] Stenographischer Bericht über die 35. Sitzung des Deutschen Bundestags am 21.11. 1983, S. 2332.
[29] Daniil M. Proektor/Volker Rühe/Karsten Voigt, Mehr Vertrauen – weniger Waffen. Militärische Entspannung in Europa aus sowjetischer und deutscher Sicht. Mit einer Dokumentation von Eberhard Schneider, Bonn 1987.
[30] Helmut Kohl, Erinnerungen 1982–1990, München 2005, Kap. II/39.

Alliierten eingefordert werden konnte und nicht alleine eine Bringschuld der Bundesrepublik darstellte. Wenn auch die Methoden und Stile der Kanzler und Außenminister divergierten: dass Vertrauensbildung Zentralaufgabe westdeutscher Außenpolitiker „nach zwei Weltkriegen" (Brandt) war, darüber scheint es wenig ernsthaften Dissens gegeben zu haben: Weder in der außenpolitischen Elite noch in der außenpolitisch interessierten Öffentlichkeit noch bei den Wählern gab es gravierende Gegenstimmen. Viele suchten nach Wegen (oder behaupteten dies), die knappe Ressource Vertrauen systematisch zu mehren, oder sie setzten seit den 1970er Jahren zunehmend auf das akkumulierte „Vertrauen", um entweder den Ost-West-Konflikt zu entschärfen (so die sozial-liberale Ostpolitik) oder bündnispolitisches Vertrauen zu erhalten (so das christlich-liberale Werben für den NATO-Doppelbeschluss).

Der Befund passt gut zum langjährigen Trend der Forschung, Emotionen für die Analyse internationaler Beziehungen oder überhaupt historischer Abläufe fruchtbar zu machen. Ostentativ, möglichst in sprechenden Bildern demonstrierte Vertrauensbildung in den internationalen Beziehungen ist selbst wiederum Teil der Vertrauenswerbung demokratischer Politik gegenüber der eigenen Bevölkerung. „Macht buhlt um Vertrauen", so Ute Frevert[31]. Aber Macht, die Vertrauenswürdigkeit ausstrahlt, erhält ein freundliches Gesicht. Auch kann der selbstbewusste Bürger in einer auf Vertrauen basierenden Gesellschaft Risiken minimieren, die angesichts der Tendenz zur Individualisierung sonst schwer kalkulierbar würden. Vertrauen erleichtert das Leben. Soziale Komplexität, so Luhmanns klassische Formel, wird dadurch reduziert[32]. Aber dennoch wird Vertrauen vor allem über persönliche Beziehungen zwischen Politikern kommuniziert, also gerade nicht über anonymisiertes Vertrauen in Institutionen. Internationale Beziehungen eignen sich besonders gut, solche persönlichen Beziehungen zu visualisieren, die nach 1945 stärker als die Innenpolitik vom unmittelbaren Austausch der wichtigsten nationalen Protagonisten dominiert wurden. Wer international vertrauenswürdig ist, so die implizierte Botschaft, ist es auch zu Hause.

Auf unseren Gegenstand bezogen leite ich daraus zwei weiterführende Fragen ab, wobei die erste etwas außerhalb meines Gegenstandsbereichs liegt: Erstens, wie schlägt sich eigentlich das seit den 1960er Jahren zu be-

---

[31] Ute Frevert, Vertrauen und Macht: Deutschland und Russland in der Moderne, Vortrag am DHI Moskau am 23. 5. 2007; www.dhi-moskau.org/fileadmin/user_upload/DHI_Moskau/pdf/Veranstaltungen/2007/Vortragstext_2007-05-23_de.pdf.
[32] Vgl. Niklas Luhmann, Vertrauen. Ein Mechanismus der Reduktion sozialer Komplexität, Stuttgart 1968.

obachtende Aufbrechen des hochmodernen institutionellen Ensembles in der Rhetorik des Vertrauens nieder? Und zweitens: Wo liegt das analytische Potential für die Geschichte der internationalen Beziehungen?

Zum ersten: Parteien, Gewerkschaften, religiöse Gemeinschaften, Verbände und Vereine, die seit dem 18. und 19. Jahrhundert Vertrauen zwischen sonst anonymen Mitgliedern einer Gesellschaft herstellten, verlieren, so jedenfalls das gängige Argument seit den 1960er Jahren, an Bindungskraft[33]; sie büßen also Vertrauen ein. Das gilt auch für individuelle Autoritäten wie Lehrer, Ärzte, und Polizisten – und wer weiß, vielleicht eines Tages sogar Professoren. Zugleich wachsen die Erwartungen der von Ideen partizipatorischer Teilhabe angesteckten Bürger. Die vielbeschworene Krise der Erwartungen ist da. Da Politik diese zum Teil selbst geschaffenen Erwartungen nicht mehr erfüllen kann, sinkt das Vertrauen. Die Bürger sind enttäuscht. So lautet das übliche Erklärungsmuster[34].

Zur gleichen Zeit wird Vertrauen als imaginärer Kitt moderner Gesellschaft von den Soziologen, Politologen und nun auch den Historikern entdeckt – und avanciert zu einem Lieblingswort der Politiker. Ob hier nun die Politiker den Soziologen vorangegangen sind oder umgekehrt, soll hier dahingestellt bleiben. Über Vertrauen wird jedenfalls viel geredet. Die Politik hat auf den Zerfall von überkommenen Autoritäten und institutionellen Bindungen reagiert, indem sie mit Vertrauenswürdigkeit als Pfund erfolgreicher Politik immer kräftiger wucherte. Dass dabei Vertrauen inflationär gebraucht und letztlich auch entwertet wurde, steht auf einem anderen Blatt. In Rückblicken schadet das nicht, denn Adenauer, Brandt und Kohl werden allenthalben dafür gepriesen, wie viel Vertrauen sie geschaffen und genossen haben. Ja die Bundesrepublik selbst wird als erfolgreiche Nachkriegsgründung gesehen, weil sie Vertrauen national und international erwirken konnte.

Hierin sehe ich ein Spezifikum der zeitgeschichtlichen Entwicklung seit den späten 1950er Jahren, dass Vertrauen sehr stark als ein individuelles Verhältnis zwischen Spitzenpolitikern und persönliche Qualität inszeniert wird – und eben nicht als institutionalisierte Ressource, die unabhängig von persönlichen Netzwerken ist. Das beginnt mit Adenauer, der Vertrauen auf ihn

---

[33] So die kritische Perspektive von Ute Frevert, Über Vertrauen reden: Historisch-kritische Beobachtungen, in: Jörg Baberowski (Hrsg.), Was ist Vertrauen? Ein interdisziplinäres Gespräch, Frankfurt a. M. 2014, S. 31–47.

[34] Vgl. Wolfgang Thierse, Glaubwürdigkeit. Beitrag zum Kongress „Werte und Politik" der Friedrich-Ebert-Stiftung am 18./19. 10. 2012; www.werteundpolitik.de/pdf/Beitrag_Glaubwuerdigkeit_Thierse.pdf.

selbst zum Begriff machte. Damit aber ist das Grundproblem der Forschung über Vertrauen berührt: Lässt sich das, was letztlich aus dem privaten Leben stammt, ohne weiteres auf den politischen Bereich übertragen? „Würden Sie von diesem Mann einen Gebrauchtwagen kaufen?" – ist dieser Lackmustest, den jeder Präsidentschaftskandidat der USA bestehen muss, relevant? Natürlich, denn letztlich sind es rhetorische Strategien, die uns helfen, unsere politischen Vorlieben zu formulieren. Vertrauen ist in der Politik daher vermutlich keine Emotion im engeren Sinne, sondern ein sprachliches Hilfsmittel, eine rhetorische Krücke, die mit Emotionen spielt. Bei meist schwer zu fällenden Entscheidungen hilft die Vertrauensrhetorik, eine politische Präferenz zu formulieren.

Zum Zweiten stellt sich die Frage, ob sich sozialwissenschaftliche und kulturgeschichtliche Modelle, die überwiegend zur Analyse zwischenmenschlicher Beziehungen entwickelt wurden, auf die Arena der internationalen Politik übertragen lassen. Hier geht es nicht um Herrschaftsverhältnisse wie in der Soziologie, sondern um Beziehungen zwischen Völkern und Staaten, deren Beziehungen sich von innerstaatlichen Beziehungen schon dadurch unterscheiden, dass sie theoretisch gleichrangig sind.

Mir scheint vor dem Hintergrund der oben angeführten Beispiele, dass westdeutsche Politiker mit der Betonung persönlicher Vertrauensverhältnisse vor allem auf zwei Probleme reagierten: Auf der einen Seite war das Vertrauenswerben zunächst der Tatsache geschuldet, dass dem Schwachen in internationalen Beziehungen vor allem das Mittel zur Verfügung steht, an Moral und Recht zu appellieren. Als dann auf der anderen Seite die Bundesrepublik in den 1970er und 1980er Jahren wieder in eine europäische Schlüsselposition hineingewachsen war und selbstbewusster auftreten konnte, ja sogar Macht in Europa ausüben konnte und wesentlich mehr Gestaltungmöglichkeiten im Bündnis besaß, war die Vertrauensrhetorik längst integraler Bestandteil des außenpolitischen Stils der Bundesrepublik. Ihre führenden Protagonisten wie Kohl oder Genscher konnten gar nicht anders, als im Sinne dieser Tradition zu operieren. Viele deutsche Spitzenpolitiker bedienen sich bis heute gern dieses Begriffs, auch wenn es nur noch um Interessenwahrung geht.

Nun soll hier nicht eine Dichotomie aufgebaut werden zwischen Emotionen und „realer", interessengeleiteter Machtpolitik: Denn das scheinbar so „weiche" Vertrauenswerben wurde strategisch eingesetzt, erst um das Machtgefälle zwischen der Bundesrepublik und ihren Partnern zu reduzieren, und später, um Einfluss aufrecht zu erhalten, hinzuzugewinnen, aber auch zu rechtfertigen. Das war in meinen Augen keine Frage von Emotionen – obwohl

Vertrauen oft als Teil der Emotionsgeschichte gesehen wird – sondern eher eine Kommunikationsstrategie, die Emotionen repräsentiert, wie ja auch das Reden von Machtgleichgewichten und Interessen nur eine Metapher dafür ist, was man in der internationalen Politik zu erreichen hofft. Aber zugleich passte diese Rhetorik ganz gut zum kulturellen Umfeld der Bundesrepublik der 1970er und 1980er Jahre und zu ihrem Selbstverständnis als einer „Friedensmacht".

Bei der Verständigung über politische Präferenzen sollte daher Vertrauen wie auch Angst oder andere scheinbar emotionale Dispositionen als eine Option für die Politik verstanden werden, über wünschbare politische Entwicklungen zu sprechen und Präferenzen zu kommunizieren. In diesem Sinne eröffnet Vertrauen als zentraler Begriff westdeutscher Außenpolitik von den 1950er bis in die 1980er Jahre aufschlussreiche Zugänge und neue Perspektiven auf scheinbar alte Fragen und Themen. Es war eine rhetorische Strategie, um (West-)Deutschlands Rolle in der Welt zu kommunizieren.

**DE GRUYTER
OLDENBOURG**

VERFOLGUNG UND REPRESSION VON HOMOSEXUELLEN IN DER NS-ZEIT

Michael Schwartz (Hrsg.)
HOMOSEXUELLE IM NATIONALSOZIALISMUS
Neue Forschungsperspektiven zu Lebenssituationen von lesbischen, schwulen, bi-, trans- und intersexuellen Menschen 1933 bis 1945

Zeitgeschichte im Gespräch, Band 18
2014. 146 Seiten
Broschur
€ 16,95 · ISBN 978-3-486-74189-6
eBook (PDF)
€ 16,95 · ISBN 978-3-486-85750-4
eBook (EPUB)
€ 16,95 · ISBN 978-3-486-99079-9
Print + eBook
€ 29,95 · ISBN 978-3-486-85751-1

Wie lebten homosexuelle, bi-, trans- und intersexuelle Menschen in der NS-Zeit? Welchen Verfolgungsmaßnahmen waren sie ausgesetzt? Diese und andere Fragen beantwortet der vorliegende Sammelband, für den das Institut für Zeitgeschichte München-Berlin und die Bundesstiftung Magnus Hirschfeld verantwortlich zeichnen. Dabei stehen nicht nur Polizei und Justiz im Fokus, sondern auch die politisch-administrative und die gesellschaftliche Repression. Überdies zeigen die Autorinnen und Autoren die ganze Vielfalt von Lebenssituationen auf – von Isolation über Tolerierung bis zur Unterstützung des Regimes. Neben der vergleichsweise gut erforschten Geschichte homosexueller Frauen und Männer geht es dabei auch um die bisher wenig beachteten Gruppen bi-, trans- und intersexueller Menschen – ein Ansatz, der Licht in ein kaum bekanntes Kapitel der Gesellschaftsgeschichte des Dritten Reichs bringt.

Michael Schwartz ist wissenschaftlicher Mitarbeiter am Institut für Zeitgeschichte München-Berlin, Abteilung Berlin, sowie apl. Professor für Neuere und Neueste Geschichte an der Westfälischen Wilhelms-Universität Münster.

degruyter.com

Alexander Reinfeldt
Kontrolliertes Vertrauen
Die westdeutsche Wiederbewaffnung und das Projekt einer
Europäischen Verteidigungsgemeinschaft

1. Vertrauen und Misstrauen im Prozess der europäischen Integration

Vertrauen und Misstrauen gelten als zentrale Kategorien für das Verständnis des europäischen Integrationsprozesses nach dem Zweiten Weltkrieg. Folgt man der bisherigen Forschung zur Geschichte der europäischen Integration, so prägten gegenseitiges Misstrauen, vor allem Misstrauen gegenüber den Deutschen, und das Bemühen um die Rückgewinnung verlorenen Vertrauens sowohl das Verhältnis der politischen Akteure untereinander als auch das Verhältnis und die gegenseitige Wahrnehmung der am europäischen Integrationsprozess beteiligten europäischen Völker. Der europäische Integrationsprozess wird folgerichtig zumeist als Versuch interpretiert, durch neue europäische Institutionen fehlendes Vertrauen zu kompensieren. Diese europäischen Institutionen wiederum gelten zumeist als Katalysatoren für die allmähliche Entwicklung gegenseitigen Vertrauens. Vertrauen und Misstrauen werden dabei in der Regel als emotionale Phänomene aufgefasst, die den europäischen Integrationsprozess wesentlich beeinflussten. Dabei kommt indes die Überlegung zu kurz, dass Vertrauen und Misstrauen jenseits ihres emotionalen Gehalts auch rhetorisch-strategische Instrumente der Interessendurchsetzung beziehungsweise der Beeinflussung des europäischen Integrationsprozesses waren. Durch die Reduktion auf den emotionalen Gehalt von Vertrauen und Misstrauen bleibt das Verständnis dieser Kategorien im europäischen Integrationsprozess unvollständig.

Im Folgenden soll daher das vielschichtige Bedeutungsgefüge von Vertrauen am Beispiel des Projekts einer Europäischen Verteidigungsgemeinschaft (EVG) analysiert werden – ein Exempel, das gleichermaßen aufschlussreich für das deutsch-französische Verhältnis wie auch für den europäischen Integrationsprozess insgesamt ist. Unter besonderer Berücksichtigung der Bundesrepublik wird erörtert, welche Bedeutung Vertrauen und Misstrauen zunächst bei der Entstehung des Vorhabens und dann beim Scheitern der EVG zukam. In übergeordneter Perspektive geht es dabei um die Frage, ob und inwiefern Vertrauen (oder der Gegenbegriff Misstrauen) ein geeignetes Analysekonzept für das Verständnis der Geschichte der europäischen Integration darstellt und welchen analytischen Mehrwert man aus der systematischen Berücksichtigung der Kategorie Vertrauen im Bereich der internationalen Geschichte gewinnen kann.

Unter Vertrauen im Allgemeinen ist zunächst eine emotional fundierte Erwartung eines wohlmeinenden Verhaltens anderer zu verstehen[1], die insbesondere dann handlungsrelevant wird, wenn keine gesicherten Annahmen über das Verhalten anderer möglich sind. Vertrauen ist analytisch immer dort fassbar, wo es sich in einem kommunikativen Kontext, also etwa in verbalen und schriftlichen Äußerungen oder in symbolischen Handlungen manifestiert. Bei der Rekonstruktion zeitgenössischen kommunikativen Handelns gibt es prinzipiell eine Vielzahl möglicher Wahrnehmungen gegenwärtiger und historischer Realität, das heißt Akteure nehmen nicht nur anders wahr, sie nehmen auch Anderes wahr. Politisches Handeln resultiert folglich nicht nur aus vorab definierten Interessen, sondern ist immer auch Ausdruck von Erfahrungen und kulturellen Prägungen. Vertrauen und Misstrauen als subjektive beziehungsweise intersubjektive Wahrnehmungen basieren dabei nicht nur auf Erfahrungen und bereits Geschehenem, sondern auch auf Erwartungen für die Zukunft; sie können eine solche erwartete zukünftige Realität selbst hervorbringen oder verstärken. Rationalisierte Erwartungsszenarien und eher emotionale Faktoren lassen sich dabei als Grundlage für Vertrauen nicht strikt voneinander unterscheiden, sondern sind miteinander verwoben[2]. Folglich ist für eine Analyse des europäischen Integrationsprozesses der Vertrauensbegriff entsprechend zu erweitern.

Im Bereich der internationalen Beziehungen sind politische Akteure in besonderem Maße auf eine zutreffende Einschätzung respektive Wahrnehmung der Interessen anderer angewiesen, weil hier die Erfahrungen und kulturellen Prägungen der beteiligten Akteure besonders stark differieren können. Hinzu kommen im Fall des europäischen Integrationsprozesses die Vielzahl der beteiligten Akteure und die unterschiedlichen institutionellen Konstellationen, in denen diese Akteure aufeinander treffen. Bei der Analyse von Wahrnehmungen sind überdies nicht nur individuelle und kollektive Faktoren zu berücksichtigen, um das Handeln politischer Akteure in einer bestimmten

---

[1] Vgl. Jan Delhey, Transnationales Vertrauen in der erweiterten EU, in: APuZ B 38/2004, S. 6–13, hier S. 6.
[2] Vgl. Ute Frevert, Vertrauensfragen. Eine Obsession der Moderne, München 2013, S. 14–17, und Gesa Bluhm, Vertrauensarbeit. Deutsch-französische Beziehungen nach 1945, in: Ute Frevert (Hrsg.), Vertrauen. Historische Annäherungen, Göttingen 2003, S. 365–393, hier insbesondere S. 367 f. und S. 370; zum Folgenden vgl. ebenda, S. 368.

historischen Konstellation erfassen zu können, sondern auch die multilateralen Wechselwirkungen solcher politischen Interaktionen. Das gilt auch für die Analyse von Vertrauen und Misstrauen als handlungsleitender Kategorie und politischer Ressource. Im Bereich des politischen Handelns erfordert die Auseinandersetzung mit Wahrnehmungen und daraus resultierendem Vertrauen oder Misstrauen somit einen Zugriff, der gleichermaßen die individuellen Erfahrungen der politischen Akteure wie auch deren kollektive Einstellungen berücksichtigt. Eine Besonderheit von Vertrauen in den internationalen Beziehungen, und das gilt eben auch für die europäische Integration, ist dabei, dass Vertrauen hier nicht nur interpersonal für das Verhältnis der handelnden Akteure relevant ist, sondern kollektive Bindungswirkung erzeugen und das Verhältnis ganzer Völker zueinander beeinflussen kann.

Bereits den zeitgenössischen Akteuren war dabei bewusst, dass es in Bezug auf Vertrauen und Misstrauen nicht immer darauf ankam, inwiefern die eigene Wahrnehmung zutreffend und die daraus resultierenden Einschätzungen berechtigt waren oder nicht. Vertrauen und Misstrauen waren Kategorien, die man unabhängig von ihrem intersubjektiv überprüfbaren Gehalt zu berücksichtigen hatte. So stellte Bundeskanzler Konrad Adenauer in einem Zeitungsinterview 1949 fest:

„Es nützt nichts, daß wir tatsächlich ungefährlich sind, sondern es kommt darauf an, ob Frankreich uns für gefährlich hält. Die Psychologie hinkt immer hinter der realen geschichtlichen Entwicklung her. Ob uns das heutige französische Sicherheitsbedürfnis überholt vorkommt, ob es tatsächlich überholt ist, dies alles ist nicht entscheidend. Auch wenn Frankreich sich im Irrtum befindet, so ist sein Verlangen nach Sicherheit doch psychologisch vorhanden und also eine politische Tatsache, mit der wir zu rechnen haben."[3]

Es ging Adenauer somit vor allem darum, vertrauenswürdig zu sein und die subjektiven Wahrnehmungen der Franzosen bei der eigenen Politikgestaltung zu berücksichtigen.

2. Die westdeutsche Wiederbewaffnung und die EVG. Vertrauen als Emotion und Strategie

Die Frage der Wiederbewaffnung Westdeutschlands berührte das französische Sicherheitsbedürfnis in besonderer Weise. Nach dem Ausbruch des

---

[3] Zit. nach Gottfried Niedhart, Selektive Wahrnehmung und politisches Handeln. Internationale Beziehungen im Perzeptionsparadigma, in: Wilfried Loth/Jürgen Osterhammel (Hrsg.), Internationale Geschichte. Themen, Ergebnisse, Aussichten, München 2000, S. 141–157, hier S. 152.

Korea-Kriegs im Sommer 1950 wurde den französischen Politikern und der Öffentlichkeit immer deutlicher, dass ein westdeutscher Verteidigungsbeitrag vor dem Hintergrund des Ost-West-Konflikts und angesichts entsprechender Forderungen der US-amerikanischen Regierung nicht mehr grundsätzlich zu verhindern sein würde. Nun galt es vielmehr, eine Wiederbewaffnung Westdeutschlands so zu gestalten, dass sie dem französischen Sicherheitsbedürfnis gerecht wurde. So mahnte der französische Ministerpräsident René Pleven, als er am 24. Oktober 1950 in der französischen Nationalversammlung vorschlug, eine europäische Armee unter Beteiligung westdeutscher Soldaten aufzustellen:

„Jedes System, das sich sofort oder in einem gewissen Zeitraum, direkt oder indirekt, mit oder ohne Bedingungen zur Schaffung einer deutschen Armee entwickeln würde, würde das Mißtrauen und den Verdacht wiedererwecken. Die Aufstellung deutscher Divisionen, die Einrichtung eines deutschen Verteidigungsministeriums würde früher oder später in verhängnisvoller Weise zur Wiederherstellung einer nationalen Armee führen und dadurch zum Wiedererwachen des deutschen Militarismus."[4]

Weil sie eine Wiederbewaffnung Westdeutschlands nicht mehr verhindern konnte, wollte die französische Regierung dafür zumindest eine Form finden, die für eine Mehrheit der Franzosen akzeptabel erschien. Die Idee der Europäischen Verteidigungsgemeinschaft wurzelte somit im historisch begründeten französischen Misstrauen gegenüber Deutschland und den Deutschen.

Dieses Misstrauen teilte im Grunde genommen auch Adenauer. Und doch hielt der Bundeskanzler einen westdeutschen Beitrag zur Verteidigung des westlichen Bündnisses, in vollem Bewusstsein der Widerstände im In- und Ausland, für sicherheitspolitisch unumgänglich. Zudem sah er hierin eine weitere Möglichkeit, die Integration der jungen Bundesrepublik in Westeuropa zu festigen. Die Bekundungen Adenauers während seiner ersten Regierungsjahre sind Legion, wonach es oberste Prämisse und vornehmliches Ziel seiner Außen- und Europapolitik sei, das Vertrauen in die Zuverlässigkeit Westdeutschlands bei den Nachbarn wieder aufzubauen. In diesen Bekundungen Adenauers wird eine grundlegende Dimension seiner Außen- und Europapolitik fassbar. Vertrauen setzt ein gemeinsames Verständnis von fundamentalen Werten zwischen Vertrauensnehmer und Vertrauensgeber voraus[5]. Die unzähligen Appelle Adenauers im In- und Ausland, Deutschland müsse das Vertrauen seiner Nachbarn zurückgewinnen, verweisen auf

---

[4] Der französische Plan zur Verteidigung des Westens. Regierungserklärung des Ministerpräsidenten René Pleven vom 24. Oktober 1950, in: Europa-Archiv 5 (1950) Teil 2, S. 3518ff., hier S. 3518f.
[5] Vgl. Delhey, Transnationales Vertrauen, S. 6, und Bluhm, Vertrauensarbeit, S. 384.

den implizit erhobenen Anspruch des Bundeskanzlers, dass die Deutschen dieselben fundamentalen Werte wie ihre Nachbarvölker teilten und folglich auch vertrauenswürdig seien. Adenauer bekräftigte damit seinen Anspruch, die Bundesrepublik als gleichberechtigten und souveränen Partner in Westeuropa zu etablieren. Die Vertrauensrhetorik Adenauers sollte also nicht nur Verlässlichkeit signalisieren, sondern formulierte gleichzeitig einen politischen Anspruch: Vertrauen schaffen, indem man über Vertrauen spricht – ein anschaulicher Fall „symbolischer Politik als eines Zeichensystems, das via Kommunikation politische Wirklichkeiten konstruiert"[6].

Auf einer interpersonalen Ebene verfing diese Strategie bereits früh. Die persönliche und politische Glaubwürdigkeit Adenauers, und damit verbunden das dem Bundeskanzler seitens der westlichen Alliierten entgegengebrachte Vertrauen, waren bereits Anfang der 1950er Jahre sehr groß; größer als das Vertrauen in Deutschland und die Deutschen insgesamt. Dieser Vertrauensvorsprung Adenauers verdankte sich nicht zuletzt seiner Biographie und seiner vorbehaltlosen Politik der Westintegration der Bundesrepublik. Der Bundeskanzler setzte seine Vertrauensrhetorik dabei nicht nur gegenüber den westlichen Alliierten, sondern auch im Bundeskabinett ein, um innenpolitisch Unterstützung für seine Politik des Souveränitätsgewinns durch Westintegration zu erhalten. Anlässlich der Diskussion über den Deutschlandvertrag, der parallel zum EVG-Vertrag ausgehandelt worden war, bemerkte Adenauer in Hinblick auf die Verhandlungen mit den Westalliierten gegenüber den anwesenden Regierungsmitgliedern,

„daß diese Verhandlungen nicht etwa aus Liebe zu uns geführt worden sind, sondern nur unter dem Druck Rußlands. Die Stimmung des Auslandes uns gegenüber, besonders derjenigen Länder, die mit uns direkt im Kriege gestanden haben (nicht die Amerikaner) – darüber müssen wir uns auch im klaren sein – ist noch lange nicht so, wie sie nach unseren Wünschen sein müßte. Man hat im Ausland keineswegs vergessen die Furcht vor Deutschland, man hat nicht vergessen die Untaten des Nationalsozialismus, die sind sehr lebendig draußen, und man hat auch wieder Furcht vor der Tüchtigkeit der Deutschen, nachdem man gesehen hat, wie das deutsche Volk nach all diesen Jahren sich überraschend wirtschaftlich in die Höhe gearbeitet hat. Man hat vor den guten Eigenschaften des deutschen Volkes Angst und Sorge."[7]

---

[6] Ute Frevert, Neue Politikgeschichte, in: Joachim Eibach/Günther Lottes (Hrsg.), Kompass der Geschichtswissenschaft. Ein Handbuch, Göttingen 2002, S. 152–164, hier S. 161; vgl. auch Frevert, Vertrauensfragen, S. 214f.
[7] Die Kabinettsprotokolle der Bundesregierung, Bd. 5: 1952, bearb. von Kai von Jena, Boppard am Rhein 1989, Sondersitzung der Bundesregierung am 10.5.1952: S. 273–302, hier S. 276; das Folgende nach ebenda, S. 276f.

Adenauer machte für diese Vorbehalte ausdrücklich die Haltung der sozialdemokratischen Opposition im Bundestag verantwortlich. Deren Forderungen, eine Verständigung mit der UdSSR über eine Wiedervereinigung Deutschlands zu suchen, sowie ihr wiederholt vorgebrachtes Argument, eine Wiederbewaffnung Westdeutschlands gefährde die Wiedervereinigung, hätten seitens der Westalliierten den Verdacht geschürt, eine wiederbewaffnete Bundesrepublik könne an die frühere „Schaukelpolitik" zwischen Ost und West anknüpfen. Die Haltung der Opposition, auf die sich Adenauer hier wie auch in Gesprächen mit den Westalliierten wiederholt bezog, setzte den Bundeskanzler innenpolitisch zwar durchaus unter Druck. Gleichzeitig nutzte er aber das ihm persönlich entgegengebrachte Vertrauen und das Misstrauen gegenüber der SPD, um seine Verhandlungsposition gegenüber den westlichen Verbündeten angesichts französischer Forderungen nach einer umfassenderen Kontrolle westdeutscher Streitkräfte zu stärken. So bemerkte der ehemalige Wehrmachts-General Hans Speidel, militärpolitischer Berater Adenauers und militärischer Chefdelegierter der Bundesrepublik bei den Verhandlungen über die Europäische Verteidigungsgemeinschaft in Paris, im Februar 1952 gegenüber seinem amerikanischen Gesprächspartner Colonel Robert R. Richardson,

„daß man sich nicht täuschen dürfe über psychologische und politische Schwierigkeiten, die auch in Deutschland zu überwinden wären (Haltung der Sozialdemokratie). Man könne auch dem deutschen Volke bzw. seiner parlamentarischen Vertretung nicht zuviel an Zugeständnissen in einem Augenblick zumuten, in dem auf französischer Seite von Mißtrauen erfüllte und sehr weitgehende Forderungen erhoben werden."[8]

Es war nicht das erste Mal, dass die Bundesregierung beziehungsweise Adenauer die öffentliche Meinung als Argument in der politischen Auseinandersetzung mit den westlichen Alliierten benutzten. So war schon unmittelbar nach dem „Korea-Schock" im Juni 1950 das Vertrauen der westdeutschen Bevölkerung in die Bereitschaft der USA (und der anderen westlichen Mächte) gesunken, die Bundesrepublik im Falle eines Angriffs entschlossen zu verteidigen. Adenauers Forderung nach einer Sicherheitsgarantie der Westmächte für die Bundesrepublik und nach einer Verstärkung der amerikanischen Truppenpräsenz in Westdeutschland sowie seine seit 1949 auch öffentlich geäußerte Bereitschaft, einen westdeutschen Verteidigungsbeitrag

---

[8] Aufzeichnung des Generalleutnants a.D. Speidel, Paris, vom 27. 2. 1952; Akten zur Auswärtigen Politik der Bundesrepublik Deutschland 1952. 1. Januar bis 31. Dezember 1952, bearb. von Martin Koopmann und Joachim Wintzer, München 2000, Dok. 62: S. 186ff., hier S. 187.

im Rahmen einer europäischen Armee zu leisten, hatten somit auch das Ziel, „die Lage der Bundesrepublik politisch und psychologisch zu verbessern"[9]. Die Bundesregierung beschwor dabei selbst die Gefahr einer Hinwendung der deutschen Bevölkerung zur Sowjetunion. So forderte Ministerialdirektor Herbert Blankenhorn, Leiter der Verbindungsstelle zur Alliierten Hohen Kommission im Bundeskanzleramt, in einem Gespräch mit dem stellvertretenden US-Hochkommissar George P. Hays und dem Berater des Kanzlers für Sicherheitsfragen, Graf Schwerin, Vorbereitungen für die Aufstellung bundesdeutscher Verbände im Rahmen der westlichen Verteidigung zu treffen, um einem befürchteten Angriff der DDR-Volkspolizei beziehungsweise sowjetischer Truppen entgegentreten zu können. Denn anderenfalls

„könne man nicht erwarten, daß die deutsche Bevölkerung in den Verteidigungswillen der Alliierten und auch der deutschen Regierung Vertrauen habe. Die psychologische Seite sei sehr bedeutsam, denn versäume man entsprechende Maßnahmen, so könnten leicht innerhalb des deutschen Volkes die Kräfte Oberhand gewinnen, die aus opportunistischen Gründen sich auch mit einer russischen Herrschaft abfinden würden."[10]

Inwiefern die deutsche Bevölkerung damals tatsächlich kein Vertrauen in die Verteidigungsbereitschaft der westlichen Alliierten hatte und inwiefern das Misstrauen gegenüber der Haltung der SPD tatsächlich berechtigt war, spielte für die politische Strategie der Bundesregierung nur eine nachgeordnete Rolle. Auch hier wurde die Vertrauens- beziehungsweise Misstrauensrhetorik losgelöst vom empirisch fassbaren Gehalt gezielt eingesetzt, um die eigenen politischen Interessen und Vorstellungen der Bundesregierung in der Frage einer westdeutschen Wiederbewaffnung durchzusetzen. Diese Argumentation verfing bei den westlichen Alliierten durchaus, wenn etwa der britische Außenminister Anthony Eden in einem Gespräch mit Premierminister Winston Churchill und dem französischen Ministerpräsidenten und Außenminister Pierre Mendès-France am 23. August 1954 forderte, alles zu unterlassen, was die Position des Bundeskanzlers gefährde: „Man muss um jeden Preis den Kanzler Adenauer erhalten, denn jede andere Regierung,

---

[9] Helga Haftendorn, Deutsche Außenpolitik zwischen Selbstbeschränkung und Selbstbehauptung. 1945–2000, Stuttgart/München 2001, S. 32. Vgl. dazu exemplarisch das Memorandum Konrad Adenauers vom 29. 8. 1950; Akten zur Auswärtigen Politik der Bundesrepublik Deutschland 1949/50. September 1949 bis Dezember 1950, bearb. von Daniel Kosthorst und Michael Feldkamp, München 1997, Dok. 113: S. 322–327, hier S. 322 und S. 326 Anm. 16.
[10] Die Besprechung fand am 22. 7. 1950 statt; AAPD 1949/50, Dok. 97: S. 274–280, hier S. 274.

die dessen Platz einnähme, drohte eine Schaukelpolitik zwischen Ost und West zu betreiben."[11]

Gleichwohl finden sich zahlreiche Belege, dass Vertrauen und Misstrauen nicht allein Ausdruck interessengeleiteter strategischer Rhetorik waren. So hatte Pleven in seinem Vorschlag zum Aufbau einer europäischen Armee keineswegs nur auf das Misstrauen gegenüber den Deutschen rekurriert und vor einem Wiederaufleben des deutschen Militarismus gewarnt, um die strategische Verhandlungsposition seiner Regierung zu verbessern. Das Misstrauen französischer Regierungsvertreter sowie der überwiegenden Mehrheit der französischen Öffentlichkeit gegenüber einem nicht in europäische Strukturen eingebundenen, wiederbewaffneten Deutschland war ja tatsächlich weit verbreitet, wie auch zeitgenössische Meinungsumfragen zeigten[12]. Diese „inherited fear and distrust of Germany"[13] in Frankreich wurden von den Regierungen der anderen westlichen Alliierten bei der Politikformulierung berücksichtigt.

Am deutlichsten wird die Bedeutung von Vertrauen als emotionalem Faktor für das Projekt einer europäischen Armee am Beispiel des Verhältnisses von US-amerikanischen Regierungsvertretern zu Jean Monnet, dem Mitinitiator des Pleven-Plans. In Washington misstraute man den damit verbundenen Absichten der französischen Regierung – ganz abgesehen von grundsätzlichen Bedenken etwa von Außenminister Dean Acheson, der den Plan militärisch für nicht praktikabel und angesichts der diskriminierenden Elemente gegenüber den Deutschen auch politisch für nicht durchsetzbar hielt. So berichtete Alexander Böker vom Auswärtigen Amt im Februar 1951 von seinen Gesprächen in den USA: „Vertrauen in Frankreich besteht weder im [amerikanischen] Volke noch in den führenden Kreisen; Frankreich gilt allgemein als der schwächste Punkt der europäischen Verteidigung und als der unzuverlässigste Partner."[14] Dass die US-Regierung im Laufe des Jahres 1951 ihre zunächst ablehnende Haltung änderte und fortan bereit war, das französische Vorhaben einer Europäischen Verteidigungsgemeinschaft

[11] Documents Diplomatiques Français 1954: Annexes (21 juillet – 31 décembre), Paris 1987, S. 135–138, hier S. 137.
[12] Vgl. die Aufzeichnung des Ministerialdirektors Blankenhorn vom 26. 10. 1950; AAPD 1949/50, Dok. 136: S. 389ff.
[13] Documents on British Policy Overseas, Series II, Vol. 1: The Schuman Plan, the Council of Europe and Western European Integration, May 1950 – December 1952, London 1986, Dok. 177: S. 333–336, hier S. 334.
[14] Akten zur Auswärtigen Politik der Bundesrepublik Deutschland 1951. 1. Januar bis 31. Dezember 1951, bearb. von Matthias Jaroch, München 1999, Dok. 30: S. 107–117, hier S. 109f.

anstelle einer direkten westdeutschen Wiederbewaffnung im Rahmen der NATO zu unterstützen, hing maßgeblich vom Vertrauen ab, das führende Angehörige der US-Administration Monnet entgegenbrachten[15]. Monnet konnte den Oberkommandierenden der NATO-Streitkräfte in Europa, Dwight D. Eisenhower, Präsident Harry S. Truman und Acheson in direkten Gesprächen insbesondere deswegen von den französischen Absichten überzeugen, weil diese Monnet als glaub- und vertrauenswürdig erachteten. Dieses Vertrauen resultierte aus persönlicher Bekanntschaft und den bisher gemachten Erfahrungen mit Monnet, dessen Biographie eine hohe Affinität zu den USA aufwies.

Ohne dieses interpersonal fundierte Vertrauen wäre es nicht möglich gewesen, die anfänglich klare amerikanische Ablehnung des Pleven-Plans zu überwinden, der primär als französische Verzögerungstaktik denn als ernstzunehmender Beitrag zur westlichen Verteidigung betrachtet wurde. Doch obgleich das Vertrauensverhältnis zwischen Monnet, Eisenhower und anderen führenden Vertretern der US-Administration ein für die konkrete Entscheidungsphase im Sommer 1951 gewichtiger Faktor war, sollte man den Faktor Vertrauen für die US-amerikanische Haltung gegenüber der EVG nicht überbewerten. Eine Grundvoraussetzung für die Unterstützung des französischen Vorschlags zur Errichtung einer europäischen Armee war die grundsätzliche Anschlussfähigkeit des Pleven-Plans an das Interesse der amerikanischen Regierung an einer Einbindung Westdeutschlands in eine westliche Sicherheitsgemeinschaft. Dass die Regierung Eisenhower/Dulles das französische EVG-Projekt in der Folgezeit bis zuletzt unterstützte, hing ganz wesentlich damit zusammen, dass nur so in absehbarer Zeit ein Ausgleich zwischen westdeutschem Gleichberechtigungsstreben und französischem Sicherheitsbedürfnis möglich schien.

Im Laufe der Verhandlungen über den EVG-Vertrag zwischen 1951 und 1952 und insbesondere während der anschließenden langwierigen Ratifizierungsphase wuchs ausgerechnet in Frankreich, aber auch in anderen Signatarstaaten des Abkommens, das Unbehagen an der vertraglich fixierten Lösung der westdeutschen Wiederbewaffnung im Rahmen der EVG. Ein wesentlicher Grund hierfür war, dass die diskriminierenden Elemente gegenüber der Bundesrepublik im Zuge der Verhandlungen weitestgehend weggefallen waren. Von bundesdeutscher Seite machte man vor allem emotionale Faktoren für die nun mehrheitlich ablehnende Haltung französi-

---

[15] Vgl. Pascaline Winand, Eisenhower, Kennedy, and the United States of Europe, New York 1993, S. 27f.

scher Politiker verantwortlich[16]. Adenauer nutzte auch in dieser Phase eine Rhetorik des Vertrauens, um die Ratifizierung des EVG-Vertrags und des parallel dazu unterzeichneten Deutschlandvertrags zu forcieren. So erklärte der Bundeskanzler im Januar 1953 vor dem „Deutschen Presseklub Bonn": „Diese Verträge stehen so, wie sie sind, und von diesen Verträgen kann sich keine Regierung lossagen, ohne eine große Einbuße zu erleiden an Ansehen und Vertrauen im Ausland, auch wenn sie noch nicht ratifiziert sind."[17]

Ganz offensichtlich enthielten diese Äußerungen eine Mahnung an die französische Regierung, durch mangelndes Engagement für die Ratifizierung des EVG-Vertrags ihrerseits Ansehen und Vertrauen nicht aufs Spiel zu setzen und die Unterstützung durch die amerikanische und britische Regierung für die Verteidigung Westeuropas und den europäischen Integrationsprozess nicht zu gefährden. In Frankreich bestand die Furcht vor einer westdeutschen Dominanz in der künftigen EVG, zumal eine unmittelbare Beteiligung Großbritanniens immer unwahrscheinlicher wurde. Da überdies französische Truppen zunehmend im Krieg um die Kolonialgebiete in Indochina gebunden waren, befürchtete man in Frankreich, mit einer verringerten Truppenstärke in Europa einer dann wiederbewaffneten Bundesrepublik gegenüberzustehen. In zunehmendem Maße sah eine Mehrheit der Abgeordneten in der französischen Nationalversammlung in der EVG keine Vorteile mehr für Frankreich. Als erkennbar war, dass die EVG eine vollständige Kontrolle des westdeutschen Militärpotentials nicht mehr ermöglichen und zudem die französischen Nuklearambitionen beeinträchtigen würde, verlor das Vorhaben in Frankreich vollends an politischem Rückhalt. Damit war die Idee einer europäischen Integration auf militärischem und politischem Gebiet fürs Erste gescheitert.

Angesichts dieser Vorbehalte wuchs in der französischen Öffentlichkeit das Misstrauen gegenüber den amerikanischen Motiven für die Unterstützung der EVG. In der EVG sah man mittlerweile ein Instrument der amerikanischen Hegemonie und nicht zuletzt eine Strategie zur Verhinderung einer eigenständigen französischen Atomstreitmacht. Es war also paradoxerweise unter anderem das Misstrauen gegenüber den amerikanischen Motiven für die Unterstützung der EVG, die eine Ratifizierung des EVG-Vertrags in Frankreich erschwerten – und das nachdem die US-Administration erst

---

[16] Vgl. etwa die Aufzeichnung des Generalleutnants a.D. Speidel, Paris, vom 14.6.1952; AAPD 1952, Dok. 154: S. 463f.

[17] Hier zit. nach: Akten zur Auswärtigen Politik der Bundesrepublik Deutschland 1953, Bd. 1: 1. Januar bis 30. Juni 1953, bearb. von Matthias Jaroch und Mechthild Lindemann, München 2001, S. 68 Anm. 3.

mühevoll von Monnet hatte überzeugt werden müssen, das Projekt überhaupt politisch zu unterstützen. Doch auch umgekehrt war die US-amerikanische Skepsis gegenüber den Absichten der Regierung Mendès-France in dieser Zeit ausgeprägt. Das zwischenzeitliche Vertrauen in die französische Europapolitik – insbesondere in die hehren Absichten Monnets – war einem unverhohlenen Misstrauen gewichen. Außenminister Dulles war „deeply shocked and disheartened"[18] angesichts des Lavierens der französischen Regierung in der Ratifizierungsfrage und stellte fest:

„Falls Mendès-France nun vorschlägt, eine endgültige Beschlussfassung über die EVG aufzuschieben [...], werden die USA der Überzeugung sein, dass man auf Frankreich nicht als verlässlichen entscheidungsfähigen Partner zählen kann."

Dass ein Scheitern der EVG das Misstrauen zwischen der Bundesrepublik und Frankreich noch verstärken würde, sah man im französischen Außenministerium Anfang August 1954 als sicher an. Für den Fall der Ablehnung des EVG-Vertrags durch die französische Nationalversammlung wurde prognostiziert:

„Die schlichte Ablehnung des Vertrags von Paris würde in Bonn unweigerlich als eine Provokation aufgefasst. Sie brächte die französisch-deutsche Aussöhnung zum Scheitern. Die deutsche Wiederbewaffnung vollzöge sich unweigerlich in einem Klima des Misstrauens und der Rivalität."[19]

Und auch im Verhältnis gegenüber den übrigen westlichen Verbündeten, vor allem gegenüber den USA und Großbritannien, erwartete man im Quai d'Orsay in diesem Fall „un climat de méfiance"[20], das sich nachteilig auf die französische Politik auswirken würde. Demgegenüber würde Adenauer in diesem Szenario profitieren, denn die Regierungen in Washington und London müssten der Bundesrepublik Zugeständnisse machen, sowohl hinsichtlich der Souveränitätsfrage als auch hinsichtlich einer Wiederbewaffnung.

Und so kam es dann ja auch: Bereits kurze Zeit nach dem Scheitern der EVG in der französischen Nationalversammlung am 30. August 1954 wurde mit der Wiederbewaffnung der Bundesrepublik im Rahmen von WEU und NATO – und damit ohne supranationale europäische Strukturen – eine

---

[18] So äußerte sich der Außenminister in einem Schreiben an die US-Botschaft in Paris vom 12.8.1954; Foreign Relations of the United States, 1952–1954, Bd. V/1: Western European Security, bearb. von John A. Bernbaum, Lisle A. Rose und Charles S. Sampson, Washington 1983, S. 1029ff., hier S. 1029; das folgende Zitat findet sich ebenda, S. 1030.
[19] Documents Diplomatiques Français 1954: 21 juillet – 31 décembre, Paris 1987, Dok. 66: S. 147–150, hier S. 147.
[20] DDF 1954 (21 juillet – 31 décembre), Dok. 81: S. 179–183, hier S. 179.

Lösung gefunden, die zum Zeitpunkt der Präsentation des Pleven-Planes undenkbar erschienen war. In diesem Zusammenhang lässt sich vom Dilemma der „doppelten Eindämmung" sprechen: das Streben nach Sicherheit *vor* (West-)Deutschland basierte auf Misstrauen, das Streben nach Sicherheit *mit* Deutschland hingegen setzte Vertrauen voraus[21]. Das Beispiel der EVG scheint dabei die These von Brian C. Rathbun zu stützen, wonach „trust rather than distrust drives the formation of international organizations"[22] – denn im auch emotional stark besetzten Bereich der Wiederbewaffnung Westdeutschlands und der militärischen Integration Europas scheint in der ersten Hälfte der 1950er Jahre das gegenseitige Vertrauen nicht groß genug für eine Verwirklichung der EVG gewesen zu sein. Allerdings greift diese These offenkundig zu kurz, denn sie erklärt nicht befriedigend, warum denselben Akteuren etwa zur selben Zeit die Gründung der Europäischen Gemeinschaft für Kohle und Stahl gelang, die immerhin für rüstungsrelevante Produkte der Eisen- und Stahlindustrie zuständig war; zum anderen ist zu berücksichtigen, dass unmittelbar nach dem Scheitern der EVG eine Wiederbewaffnung der Bundesrepublik im Rahmen von WEU und NATO mit Zustimmung der Franzosen möglich wurde. Ursächlich für das Scheitern der EVG war nicht nur gegenseitiges Misstrauen der beteiligten Akteure, sondern es waren primär französische politische Interessen, die den Ausschlag für die veränderte französische Haltung gegenüber der EVG gaben.

Auch für die Alternativlösung, die mit der Integration der Bundesrepublik in WEU und NATO gefunden wurde, war primär die Interessenkongruenz zwischen den beteiligten Akteuren ursächlich – wenn auch begünstigt durch eine atmosphärische Verbesserung des deutsch-französischen Verhältnisses. Grundlage für die sich allmählich in der ersten Hälfte der 1950er Jahre vollziehende deutsch-französische Annäherung und das allmählich entstehende gegenseitige Verständnis etwa zwischen den Mitgliedern der deutschen und französischen Delegationen bei den Verhandlungen zur Schaffung einer Europa-Armee[23] war die beiderseitige Erwartung,

„die Probleme zum gemeinsamen Vorteil zu lösen. Das darin implizierte Vertrauen als fundamentale Prämisse für Kooperation war, so könnte man postulieren, mit der

---

[21] Vgl. Josef Foschepoth, Überwachtes Deutschland. Post- und Telefonüberwachung in der alten Bundesrepublik, Göttingen 2012, S. 28 und S. 33.
[22] Brian C. Rathbun, Trust in International Cooperation. International Security Institutions, Domestic Politics and American Multilateralism, Cambridge 2012, S. xiii.
[23] Vgl. hierzu die Aufzeichnung des Legationsrats I. Klasse von Marchtaler, Paris, vom 29.3.1951, die Aufzeichnung des Vortragenden Legationsrats a.D. Roediger über ein Gespräch mit Mitarbeitern der US-Botschaft in Paris vom 21.7.1951, und das Gespräch

Erwartung verbunden, dass sich die Interaktionspartner einem gemeinsam angestrebten Vorteil gegenüber rational verhalten und sich Kooperationsnormen verpflichtet fühlen, die am Gemeinwohl beider orientiert sind."[24]

Auch wenn die „emotionalen Sperren"[25] gegen eine Wiederbewaffnung der Deutschen insbesondere in Frankreich zu diesem Zeitpunkt keineswegs aufgehoben waren, so hatte doch das Verständnis für die Probleme der anderen Seite ebenso zugenommen wie die Überzeugung, die Verhandlungspartner seien berechenbar. In Verbindung mit dem bestehenden Handlungsdruck, eine westliche Sicherheitsgemeinschaft zu errichten, und der Erkenntnis, dass eine eigenständige Verteidigung Europas angesichts der sich verfestigenden Bipolarität der globalen Ordnung nicht mehr möglich war, gelang auf dieser Vertrauensgrundlage eine Annäherung. So schuf das gescheiterte EVG-Projekt die Voraussetzung für eine beiderseitige Kompromissbereitschaft, die die Wiederbewaffnung und einen direkten NATO-Beitritt der Bundesrepublik ermöglichte.

3. Vertrauen als Analysekategorie in der europäischen Integration

Das Beispiel der westdeutschen Wiederbewaffnung und des Projekts einer Europäischen Verteidigungsgemeinschaft zeigt, dass Vertrauen und Misstrauen tatsächlich zentrale handlungsleitende Kategorien für die beteiligten Akteure im europäischen Integrationsprozess waren. Die systematische Untersuchung der Bedeutung von Vertrauen im europäischen Integrationsprozess zeigt aber auch, dass Vertrauen dabei mehr war als eine emotional fundierte Erwartung eines wohlmeinenden und verlässlichen Verhaltens anderer. Die Bezugnahme auf Vertrauen war häufig auch Bestandteil einer rhetorischen Strategie zur Durchsetzung eigener politischer Interessen; hier ist „ein strategischer Einsatz von Perzeptionen für politische Zwecke"[26] deutlich erkennbar. Die Vielschichtigkeit der Bedeutung von Vertrauen und der Mehrwert einer reflektierten Berücksichtigung der Analysekategorie Ver-

---

zwischen Bundeskanzler Adenauer und dem französischen Verteidigungsminister Bidault am 22.11.1951 in Paris; AAPD 1951, Dok. 62: S. 206–209, hier S. 208, S. 433 Anm. 1 und Dok. 191: S. 630ff., hier S. 630.

[24] Brunhilde Scheuringer, Vertrauen und Solidarität als Grundlage europäischer Integration, in: Elisabeth Klaus u. a. (Hrsg.), Identität und Inklusion im europäischen Sozialraum, Wiesbaden 2010, S. 243–264, hier S. 245.

[25] Wilfried Loth, Europas Einigung. Eine unvollendete Geschichte, Frankfurt a. M. u. a. 2014, S. 54.

[26] Niedhart, Wahrnehmung, S. 156.

trauen werden erst deutlich, wenn man über die Betrachtung von Vertrauen und Misstrauen als reinem Quellenbegriff hinausgeht und die mit der Kategorie Vertrauen verbundenen strategischen Konzepte der beteiligten Akteure genauer in den Blick nimmt.

Als empirisch fassbare Emotionen treten Vertrauen und Misstrauen im Kontext der westdeutschen Wiederbewaffnung und des EVG-Projekts in mehrfacher Hinsicht zutage: Vertrauen ist erkennbar beim Vertrauensvorschuss, den die westlichen Alliierten dem Bundeskanzler gewährten, oder auch im Verhältnis zwischen Mitgliedern der US-Administration und Monnet. Misstrauen ist auf allen Seiten gegenüber den Deutschen greifbar, aber auch zwischen Franzosen und den westlichen Partnern. Vertrauen im europäischen Integrationsprozess impliziert dabei indes mehr, als es das herkömmliche Narrativ der europäischen Integration als eines Prozesses fortschreitender Vertrauensbildung in den europäischen Institutionen suggeriert. Vertrauen war eben nicht nur eine emotionale Grundierung oder gar ein Katalysator für die europäische Integration. Während sich die bisherige Forschung zur Geschichte der europäischen Integration zumeist darauf beschränkt, Vertrauen oder Misstrauen unter den beteiligten Akteuren zu konstatieren, zeigt der vorliegende Beitrag, dass es nur bedingt auf das Vorhandensein derartiger Emotionen ankam.

So war es zwar durchaus entscheidend, dass Vertrauen in solchen Situationen vorhanden war, in denen es eine ausreichende Schnittmenge gemeinsamer oder zumindest kongruenter Interessen gab beziehungsweise in denen zumindest die Möglichkeit bestand, entgegengesetzte Interessen durch einen Ausgleich miteinander in Einklang zu bringen. In solchen Situationen konnten durch bestehendes Vertrauen Blockaden gelöst und politische Lösungen gefunden werden, die noch kurz zuvor unvorstellbar gewesen waren. Das gilt für die grundsätzliche Entscheidung, in Verhandlungen über eine europäische Armee einzutreten, wo das französische Sicherheitsbedürfnis vor Deutschland mit dem bundesdeutschen Streben nach Souveränitätsgewinn in Einklang gebracht werden konnte. Das gilt aber auch für Monnets werbende Intervention bei der US-Administration zugunsten des EVG-Projekts, wo das französische Interesse an einer Verwirklichung der EVG mit dem amerikanischen Interesse an einem effektiven und eigenständigen europäischen Verteidigungsbeitrag im Rahmen der westlichen Sicherheitsgemeinschaft in Einklang gebracht werden konnte. Hier war interpersonales Vertrauen ein entscheidender Faktor. Darüber hinaus konnte Vertrauen aber auch dort wirksam werden, wo es als Emotion gar nicht vorhanden war, wo es aber als Bezugspunkt einer rhetorischen Strategie zur Interessendurchsetzung proklamiert oder beansprucht wurde. Bundeskanzler Adenauer hat dieses Instrument besonders häufig eingesetzt, um die Bundesrepublik in der westlichen Sicherheitsgemeinschaft als gleichberechtigten Partner zu etablieren. Vertrauen im europäischen Integrationsprozess konnte also sowohl ein genuines Motiv für das Handeln der Akteure sein als auch ein strategisches Ziel ihres Handelns.

Auf einer empirischen Ebene zeigt sich dabei zudem, dass das konkrete interpersonale Vertrauen der westlichen politischen Akteure zueinander zumeist ausgeprägter war als das eher abstrakte allgemeine Vertrauen in Nationen, politische Systeme und deren Institutionen. Das Beispiel der westdeutschen Wiederbewaffnung und des EVG-Projekts verdeutlicht somit die Bedeutung interpersonalen Vertrauens in der Anfangsphase der europäischen Integration wie auch in den internationalen Beziehungen insgesamt. Sobald die Zusammenarbeit in Institutionen allerdings funktionierte, war Vertrauen als Emotion nicht mehr so entscheidend. Die Berechenbarkeit durch die Institutionalisierung der Zusammenarbeit trat dann zunächst an die Stelle von Vertrauen, ehe langfristig tatsächlich so etwas wie Vertrauen entstehen konnte.

Inwiefern die europäischen Institutionen die Entstehung von Vertrauen begünstigen und welche Mechanismen hierbei zum Tragen kommen, dies gilt es in einer breiteren auf den gesamten europäischen Integrationsprozess bezogenen Perspektive weiter zu untersuchen. Neben einer systematischen Analyse des interpersonalen beziehungsweise horizontalen Vertrauens der beteiligten Akteure, Staaten und Völker im europäischen Integrationsprozess wäre zudem zu fragen, inwieweit die europäischen Institutionen in ihrer Tätigkeit vom Vertrauen in ihre Funktionalität respektive ihre Problemlösungskapazitäten abhängig sind: zum einen in Hinblick auf das Vertrauen, das die direkt am europäischen Integrationsprozess beteiligten Akteure den Institutionen entgegenbringen, in denen sie agieren oder mit denen sie interagieren; zum anderen in Hinblick auf das System- oder Institutionenvertrauen der Bürger Europas und einer entstehenden europäischen Öffentlichkeit. Wie das hier vorgestellte Beispiel gezeigt hat, trägt die methodisch reflektierte Analyse von Vertrauen in der europäischen Integration jedenfalls dazu bei, die Vielschichtigkeit symbolischen Handelns auszuloten und die Bedeutung kommunikativen Handelns in der internationalen Geschichte hervorzuheben.

DIE ENTSCHÄRFUNG DER DEUTSCHEN FRAGE

Zeitgeschichte im Gespräch, Band 19
2014. 131 Seiten
Broschur 978-3-486-72476-9 € 16,95
ebook 978-3-486-85636-1 € 16,95
print + eBook 978-3-486-85637-8 € 29,95

Mitte der 1960er Jahre trat der Ost-West-Konflikt in eine neue Phase ein. Auf die Konfrontation im Kalten Krieg folgte die antagonistische Kooperation in der Ära der Entspannung. Die Bundesrepublik leistete einen wesentlichen Beitrag zu dieser Entwicklung: Sie entschärfte die deutsche Frage, indem sie die territoriale Nachkriegsordnung respektierte. Gottfried Niedhart analysiert die Schlüsselrolle der Bundesrepublik im europäischen Entspannungsprozess, der im Verständnis der Großen wie auch der sozial-liberalen Koalition der Überwindung des Status quo dienen sollte. Zugleich beleuchtet er die Politik des Warschauer Pakts, der zwar kein monolithischer Block war, dessen Mitgliedstaaten aber im Gegensatz zur Bundesrepublik Entspannung als Mittel zur Bewahrung des Status quo verstanden.

Gottfried Niedhart ist emeritierter Professor für Neuere Geschichte an der Universität Mannheim.

www.degruyter.com/oldenbourg

Peter Ulrich Weiß
Die Grenzen der „Brüderlichkeit"
Vertrauen und Misstrauen im deutsch-deutsch-rumänischen Dreiecksverhältnis der 1960er Jahre

1. Von Beziehungen und Beziehungskrisen

Selten löste Südosteuropapolitik derart konträre Reaktionen aus wie die Aufnahme diplomatischer Beziehungen zwischen Bonn und Bukarest Anfang 1967. Während bundesdeutsche Politiker, Diplomaten und Journalisten über die vermeintliche Bresche frohlockten, die in die Reihen des Ostblocks geschlagen worden war, schäumte man in Ostberlin über diesen „Dolchstoß". Schuld daran war nicht nur die rumänische Entscheidung, sondern vor allem die Art und Weise, wie sich die SED-Führung in Zeiten der „Hallstein-Doktrin" überrumpelt sah. Walter Ulbricht und seine Genossen hatten gehofft, dass die sozialistischen Unterzeichnerländer der Bukarester Deklaration vom 6. Juli 1966 den gemeinsamen Text zur Grundlage ihres außenpolitischen Handelns machen würden. Damals waren Leitsätze für die künftige Gestaltung der internationalen Beziehungen zum Westen formuliert worden, die formelle diplomatische Kontakte mit der Bundesrepublik nur zuließen, wenn die Vorbedingungen aus Abschnitt III der Deklaration erfüllt seien, darunter die Anerkennung der DDR als zweitem deutschen Staat sowie der bestehenden mittel- und osteuropäischen Grenzen[1]. Nun war es ausgerechnet der rumänische Gastgeber, der – als hätte es die Juli-Tagung nicht gegeben – seine diplomatischen Bemühungen um die Bundesregierung mit solcher Geschwindigkeit forcierte, dass es später hieß, Bukarest hätte Bonn förmlich überrannt[2].

Die SED-Führung sah sich – wieder einmal – bestätigt: deutschlandpolitisch blieben die kommunistischen „Bruderparteien" unberechenbar beziehungsweise wenig vertrauenswürdig. Diese Einschätzung basierte auf einer Vorstellung von Vertrauen in den internationalen Beziehungen,

---

[1] Vgl. Dokumente zur Außenpolitik der DDR, Bd. XIV/1 (1966), Berlin (Ost) 1970, S. 553–571: Deklaration über die Festigung des Friedens und der Sicherheit in Europa, beschlossen auf der Tagung des Politischen Beratenden Ausschusses der Teilnehmerstaaten des Warschauer Vertrages vom 4.–6. 7. 1966 in Bukarest.
[2] Vgl. Peter Bender, Die „Neue Ostpolitik" und ihre Folgen. Vom Mauerbau bis zur Vereinigung, München 3. überarbeitete und erweiterte Neuaufl. 1995, S. 142f.

die weniger von emotionalen, als vielmehr von rationalen Komponenten getragen war. Demnach beruht Vertrauen auf einer generalisierten Erwartungshaltung unter den beteiligten Akteuren, die sich in erster Linie auf gegenseitige Verlässlichkeit und Berechenbarkeit stützt[3]. Im Ziel- und Aufgabenkatalog sozialistischer Außenpolitik gehörte die beständige Vertiefung der Einheit, Geschlossenheit und Freundschaft der „sozialistischen Staatengemeinschaft" zu den zentralen Kernpunkten außenpolitischen Handelns. Denn die selbsterklärte Stärke der sozialistischen Außenpolitik wurde auch auf den postulierten Gleichklang von Politik und Handeln unter den Verbündeten zurückgeführt. Dass sich jedoch der rumänische Bündnispartner gegenüber der DDR in ihrem „Überlebenskampf" gegen den bundesdeutschen Alleinvertretungsanspruch weltöffentlich entsolidarisierte, war aus Sicht der SED-Führung das schlichte Gegenteil. Die Beziehungskrise, in die beide Staatsführungen stürzten, nahm sich aus SED-Perspektive daher auch als eine tiefe Vertrauenskrise unter „sozialistischen Bruderstaaten" aus – eine Krise, die schon Jahre zuvor ihren Anfang genommen hatte.

Im Folgenden sollen die Genese und Ausdrucksformen eben jenes Vertrauensverlusts skizziert werden, der die ostdeutsch-rumänischen Beziehungen die gesamten 1960er Jahre belastete. Zugleich wird dieser Konflikt diplomatiegeschichtlich nicht nur in seiner bilateralen Dimension erörtert, sondern auch in den Kontext des deutsch-deutsch-rumänischen Dreiecksverhältnisses eingebettet. Dazu gilt es, die Zielsetzungen und Effekte der mit der DDR konkurrierenden vertrauenspolitischen Aktivitäten der Bundesrepublik vorzustellen und ein außenpolitisches Reflexhandeln offenzulegen, das die deutsche Doppelpräsenz in kommunistischen Drittländern lange Zeit charakterisieren sollte: Vertrauensbildende Maßnahmen der einen Seite erzeugten stets Misstrauensreaktionen der anderen.

2. Vertrauen unter „Bruderstaaten"

Während Vertrauen gerade auch gegenüber den Verbündeten als Schlüsselbegriff und wichtige Ressource der bundesdeutschen Außenpolitik seit den 1970er Jahren gelten kann, spielt der Terminus für die Darstellung der bündnisinternen Beziehungen der DDR kaum eine Rolle, und zwar sowohl in zeitgenössischer Perspektive als auch in der historischen Rückschau. Erst im Zuge der forcierten Bemühungen einer Verwissenschaftlichung der staatlichen Friedens- und Entspannungspolitik in den 1980er Jahren entwickelte sich

---

[3] Vgl. Berthold Meyer, Konfliktregelung und Friedensstrategien. Eine Einführung, Wiesbaden 2011, S. 80ff.

Vertrauen – als politische Maxime und Weg zur Deeskalation – zu einem etablierten Begriff und Untersuchungsgegenstand in DDR-Publikationen[4]. Seine Anwendung blieb aber auf das Konfliktfeld der „antagonistischen" Systemauseinandersetzung und der Reduktion immanenter Spannungen begrenzt. Der analytische Ausgangspunkt lag dabei in der Regel bei der KSZE-Konferenz beziehungsweise der Schlussakte von Helsinki Mitte der 1970er Jahre.

Wenn bei ostdeutschen Autoren von Vertrauen oder Vertrauensbildung die Rede war, dann im Sinne von „Vertrauen zurückgewinnen" aufgrund des eingestandenen tiefen Misstrauens gegen Deutsche nach den nationalsozialistischen Verbrechen an den osteuropäischen Völkern[5]. Doch wurde dies in erster Linie als ein Nachkriegsphänomen und als eine außenpolitische Aufgabe der 1950er Jahre dargestellt, die gegenüber den auswärtigen Bevölkerungen zu bewältigen gewesen sei, die kommunistischen Parteibeziehungen jedoch nicht betroffen habe.

Gleichwohl spielte Vertrauen als Kommunikationsgrundsatz und formelle Voraussetzung zur Gestaltung der internationalen Beziehungen eine zentrale Rolle. So wurde im Rahmen der Sowjetisierung und der damit verbundenen Installierung der kommunistischen Regime quasi per Diktat ein familiär aufgeladenes Beziehungssystem von „Bruderstaaten" und „Bruderparteien" errichtet, denen ab der „Stunde Null" gegenseitiges Vertrauen qua gemeinsamer Weltanschauung als Prinzip und Praxis verordnet wurde. Ideologisch unterfüttert wurde dieser gesetzte Vertrauensvorschuss durch eine Reihe verbindlicher Maximen: „Sozialistischer Internationalismus", „Völkerfreundschaft" oder „Sozialistische Außenpolitik". Die neue Qualität jener Außenpolitik kam zudem in vertrauensbildenden Praktiken und Bestimmungen zum Ausdruck. Dazu zählten beispielsweise eine enge gegenseitige Informations- und Konsultationspflicht, die Pflege von dichten Parteibeziehungen (neben den diplomatischen Beziehungen) oder ein ganzes Arsenal symbolischer Prozeduren, von denen der (regelmäßige) Staatsbesuch und seine Inszenierung beziehungsweise Ritualisierung bis hin zum obligatorischen „Bruderkuss" besonderen Stellenwert einnahmen.

Grundiert wurde diese Praxis durch eine generationenspezifische, grenzüberschreitende Erfahrungsgemeinschaft von Parteieliten, die durch Erlebnisse aus der Zeit vor 1945 geprägt und verbunden waren: Zu nennen wären

---

[4] Vgl. z.B. Helga Schirmeister, Sicherheit durch Vertrauen, Berlin (Ost) 1989; Vertrauensbildung im nichtmilitärischen Bereich. Internationale Studien, Leipzig 1989 (Leipziger Hefte zur Friedensforschung 4).
[5] Geschichte der Außenpolitik der DDR. Abriß, Berlin (Ost) 1968, S. 288.

etwa der Aufbau kommunistischer Parteien, die Arbeit im Untergrund und der Kampf gegen den Faschismus, Gefängnishaft, Teilnahme am spanischen Bürgerkrieg, Exil. Allein von den fünf zwischen 1950 und 1964 amtierenden Missionschefs und Botschaftern der DDR in Rumänien hatten drei langjährige Zuchthausstrafen verbüßt, drei im sowjetischen Exil gelebt und zwei bei den Internationalen Brigaden in Spanien gekämpft. Diese „Kampf- und Leidensgemeinschaft" – die Angsterfahrungen aus der Phase des stalinistischen Terrors der 1930er Jahre blieben freilich ausgeklammert – nutzte mancher Diplomat als vorteilhaftes Argument, um leichter an vertrauliche Informationen zu gelangen oder besondere Kontakte zu pflegen. So hatte Johnny Löhr, erster Missionsleiter der DDR in Rumänien und früherer KPD-Funktionär, nahezu zehn Jahre in rumänischen Gefängnissen gesessen, nachdem er als Aufbauhelfer der Komintern 1930 verhaftet worden war. Dies ermöglichte ihm 20 Jahre später einen privilegierten Zugang zum rumänischen KP-Generalsekretär Gheorghe Gheorghiu-Dej, der im gleichen Zeitraum eingekerkert gewesen war.

Auch der Kulturaustausch diente dazu, zwischenstaatliches Vertrauen zu festigen und zu inszenieren. Als „klarster Ausdruck" der „Völkerfreundschaft" unter den „Volksdemokratien" und verbindliche außenpolitische Maxime schlug er zunächst die Brücke, um kulturelle Vertrauensarbeit zu leisten[6]. Die international isolierte SED verband damit zugleich ein Anrecht auf Selbstdarstellung in den zunächst deutschlandfeindlichen Nachbarländern. Kulturabkommen mit „Kennenlern-Charakter" gehörten zu den ersten Vertragswerken, die die DDR abschloss.

Dennoch kann in einem Ost-West-Vergleich nicht gleichbedeutend von Vertrauen oder Vertrauensverhältnissen gesprochen werden. So war angesichts der Besatzung und hegemonialen Machtverteilung hinter dem Eisernen Vorhang sowjetische „Vertrauenspolitik" in vielen Fällen kaum mehr als eine verschleierte Kontrolle der eigenen Verbündeten. Ideologisch rechtfertigte die Sowjetunion diese Praxis mit dem Führungsanspruch der KPdSU und dem Trauma der gespaltenen Arbeiter- und Antifaschismusbewegungen. Die Konflikte mit Tito und der chinesischen KP-Führung, aber auch die Aufstände von 1953, 1956 und 1968 bestätigten den Kreml in seiner Haltung. Vieles verblieb daher gerade auch gegenüber dem „Frontstaat" DDR und seiner Führung im Rhetorischen. Deshalb verwundert es kaum, dass dem ideologiebedingten Überbau vertrauensbildender Vorschriften in allen Phasen der kommunistischen Herrschaft ausgeprägtes gegenseiti-

---

[6] Stichwort: Kulturaustausch, in: Kulturpolitisches Wörterbuch, Berlin (Ost) 1970, S. 294.

ges Misstrauen unter den Bündnispartnern gegenüberstand, in erster Linie hervorgerufen durch divergierende innen- und außenpolitische Interessen. In diesem Kontext spielte die SED angesichts des belastenden Erbes von Nationalsozialismus und Krieg sowie der deutschlandpolitisch prekären Situation der DDR eine besonders auffällige Rolle. Die durchaus erfolgreichen ostpolitischen Annäherungsversuche der Bundesregierung in den 1960er Jahren provozierten beim Politbüro zahlreiche misstrauische Reaktionen gegenüber den osteuropäischen Bündnispartnern. Diese Politik fand semantisch keinen oder nur einen schwer dechiffrierbaren Ausdruck. Schließlich hätte eine solche im krassen Gegensatz zum selbstverordneten Solidaritäts- und Vertrauensdiskurs sowie dem „Bruder"-Narrativ des Ostblocks gestanden. Dagegen lässt sich aber auf der praxeologischen Ebene in den deutsch-rumänischen Beziehungen eine ganze Reihe von Symptomen eines gestörten Vertrauensverhältnisses sowie Handlungsstrategien nachweisen. Um Vertrauen und Misstrauen als politische Ressourcen und Strategien sichtbar zu machen, ist es daher weniger ertragreich, auf dem semantischen Feld der Vertrauenswerbung zu verbleiben, als vielmehr Bereiche und Arbeitsfelder zu eruieren, in denen vertrauenspolitische Maßnahmen griffen oder scheiterten (etwa Kulturaustausch oder politische Kommunikation). In diesem Zusammenhang spielte der Faktor Berechenbarkeit eine maßgebliche Rolle: Vertrauen zu rechtfertigen oder zu enttäuschen bedeutete, bestimmte Erwartungen zu erfüllen – oder eben nicht.

3. Rumäniens abweichender Kurs

Der unmittelbare Anlass der ostdeutsch-rumänischen Vertrauenskrise lag auf der politischen Entscheidungsebene. Hier irritierte Rumänien die DDR seit Jahren mit einer Reihe von überraschenden Beschlüssen, die den Verbündeten für Ost-Berlin schließlich immer unberechenbarer machten: Die Bukarester Parteispitze schlug sich im sowjetisch-chinesischen Konflikt auf die Seite Pekings, brachte Chruschtschows Plan einer supranationalen Arbeitsteilung in der sozialistischen Wirtschaftsgemeinschaft zu Fall, pochte in ihrer „Unabhängigkeitserklärung" vom April 1964 vehement auf die Souveränität des Landes innerhalb und außerhalb des Ostblocks, löste im Zuge einer Wirtschaftskontroverse mit der DDR zahlreiche Handelsverträge auf, tilgte die russischen Einflüsse auf das rumänische Kultur- und Bildungswesen und forcierte eine Nationalgeschichte, die rumänische Eigenständigkeit auf der Basis ethnischer und kultureller Kontinuitätslinien bis in die Antike zurückverfolgte.

Ursache dafür war ein neuer Autonomiekurs der Rumänischen Arbeiterpartei gegenüber der Kreml-Führung sowie eine damit verbundene Öffnung zur westlichen Staatenwelt seit Beginn der 1960er Jahre. Auch wenn sich diese Politik in erster Linie gegen Moskau richtete, fühlte sich die DDR-Führung davon angegriffen. Denn die SED, die sich in einem besonders engen Abhängigkeitsverhältnis zur KPdSU befand und ihre Außenpolitik ganz auf die Anerkennung ihrer Souveränität abstellte, interpretierte diese Entwicklung als beschleunigte Entsolidarisierung, bei dem sie sich chronisch auf der Verliererseite wiederfand. Dabei war es vor allem die Hinwendung Rumäniens zur Bundesrepublik, die das Vertrauen der SED erschütterte. So hatten am 17. Oktober 1963 gegen den Willen der DDR-Führung die Leiter der bundesdeutschen und rumänischen Verhandlungsdelegationen, Franz Krapf und der stellvertretende Außenminister Gheorghe Pele, ihre Unterschriften unter die Vereinbarung zur Errichtung von Handelsmissionen gesetzt. Damit war Rumänien nach Polen das zweite Land im Ostblock, mit dem die Bundesrepublik 1963 ein solches Abkommen schloss. Schon bald zeigten die prosperierenden rumänisch-bundesdeutschen Handelsbilanzen, dass sich die Furcht der DDR-Führung vor den „ostpolitischen Gehversuchen des Auswärtigen Amtes"[7] unter Außenminister Gerhard Schröder (CDU) bewahrheiteten und dass die westdeutsche „Aggression auf Filzlatschen", so Walter Ulbricht in Anlehnung an seinen Außenminister, die DDR im eigenen Lager zu isolieren begann. Doch erst im Februar 1967 konnte Ulbricht in gewünschter Schärfe – und im Gleichklang mit Moskau und Warschau – mit der nach ihm benannten Doktrin auf die Ausdehnung des bundesdeutschen Einflusses reagieren. Demnach durften Mitglieder des Warschauer Pakts von nun an erst dann diplomatische Beziehungen zur Bundesrepublik aufnehmen, wenn die Bundesrepublik ihrerseits die bestehenden Grenzen und die Existenz zweier deutscher Staaten anerkannte. Mit diesem Leitprinzip untermauerte die SED-Führung ihr bisheriges Misstrauen gegenüber den eigenen Verbündeten, indem sie sie darauf verpflichtete, ihre spezifischen Interessen zu wahren.

Nicolae Ceaușescu jedoch verfolgte unbeeindruckt seinen eigenen Kurs: Im August 1968, nur wenige Stunden nach dem Truppeneinmarsch der Warschauer Vertragsstaaten in die ČSSR, geißelte der rumänische Parteichef vor der verblüfften Weltöffentlichkeit die Militärintervention als großen Fehler und als „beschämenden Moment in der Geschichte der revolutionären Bewegung"[8]. Für die SED, die sich in ihren bisherigen Warnungen vor

---

[7] Gregor Schöllgen, Die Außenpolitik der Bundesrepublik Deutschland. Von den Anfängen bis zur Gegenwart, Bonn 1999, S. 64.
[8] Scânteia vom 22. 8. 1968.

Rumäniens Sonderweg bestätigt sah, war das erneut ein glatter Verrat. Denn Ceaușescus Kritik am Einmarsch in die ČSSR kam einer Infragestellung des gesamten Warschauer Pakts und der führenden Rolle der Sowjetunion gleich. Sein Ausscheren stellte die DDR-Führung bloß, die immer wieder die Geschlossenheit des eigenen Bündnissystems propagiert hatte. Und so diente die Heftigkeit der Ostberliner Reaktion auch als Vertrauens- und Gefolgschaftsbeweis gegenüber der Politik des „großen Bruders". Ulbricht, der sich 1965 während der wirtschaftspolitischen Krisensituation im Innern gerade noch einmal die Unterstützung aus dem Kreml hatte sichern können, positionierte sich demonstrativ Seite an Seite mit Leonid Breschnew als ein erklärter Gegner des Prager Frühlings. Das war nicht zuletzt darauf zurückzuführen, dass er fürchtete, die Entwicklung in der ČSSR könne sowohl zu einer Westöffnung zur Bundesrepublik als auch zu einer ungewollten Entstalinisierungsdebatte im eigenen Lande führen.

Die Parteibeziehungen, eigentlich das Herzstück der Beziehungen zwischen „Bruderstaaten", wurden nach dem August 1968 auf ein Minimum heruntergefahren. DDR-Behörden beobachteten und reglementierten jetzt noch genauer als zuvor jede rumänische Botschaftsaktivität in ihrem Land. So durften rumänische Diplomaten beispielsweise keine Materialien der rumänischen KP zur Situation in der ČSSR und zu anderen Kommunistischen Parteien verteilen. Die obligatorischen Pressekommentare zum rumänischen Staatsfeiertag am 23. August 1968 und den dazugehörigen Kulturveranstaltungen in der DDR entfielen. Stattdessen positionierte sich die SED am 30. August 1968 im „Neuen Deutschland" mit dem gekürzten Abdruck eines ausgesprochen kritischen Artikels der polnischen Parteizeitung „Trybuna Ludu". In dem Beitrag mit dem Titel „Die RKP-Führung geht Irrwege des Nationalismus" wurde der rumänischen Partei- und Staatsführung nationaler Egoismus, Anbiederung an den internationalen Imperialismus und Schüren von Chauvinismus und Krawall gegenüber den restlichen sozialistischen Staaten vorgeworfen. Vor allem zitierte das „Neue Deutschland" die Passagen, die die Aufnahme diplomatischer Beziehungen zur Bundesrepublik als einseitig, unsolidarisch und schädlich verurteilten. Derart eindeutig war der rumänische Bündnispartner in der DDR-Öffentlichkeit noch nicht kritisiert worden. Das wog umso schwerer, als im sozialistischen Bündnissystem öffentliche Rügen von KP-Führungen ein Tabu darstellten. Doch längst kriselte es auf vielen Ebenen.

4. Symptome der Vertrauenskrise

Regelmäßige Konsultationen auf verschiedenen Ebenen galten als institutionalisiertes Grundprinzip des sozialistischen „Bündnisses neuen Typs" und zugleich als wesentlicher Bestandteil der angestrebten zwischen-parteistaatlichen Vertrauenskultur[9]. Als formalisiertes Prozedere gegenseitiger Vertrauensbildung und -erhaltung dienten sie neben dem allgemeinen Informationsaustausch (und natürlich der Kontrolle) auch dazu, sich der eigenen beziehungsweise gegenseitigen Erwartungshaltung zu versichern und damit vertrauensbildend zu wirken. Doch genau diese bilateralen Kommunikationsflüsse waren von rumänischer Seite wiederholt und ohne Begründung unterbrochen worden, insbesondere, wenn es um deutschlandpolitische Belange ging. Die ostdeutschen Diplomaten und Spitzenfunktionäre empfanden diese Vorgehensweise als Willkür, was ihr ohnehin vorhandenes Misstrauen erheblich schürte. So hatten beispielsweise rumänische Funktionäre trotz intensiver Bitten und Anfragen Stillschweigen über die Vertragskonditionen zur Errichtung der bundesdeutschen Handelsmission bewahrt. Mehrmals hatten die ostdeutschen Diplomaten informell wie offiziell um detaillierte Information sowie um den Wortlaut des Abkommens gebeten. Doch jedes Mal waren Auskünfte verweigert und Einsprüche der DDR-Vertreter mit der Begründung abgelehnt worden, es handle sich um ausschließlich rumänische Angelegenheiten[10]. Besonders brisant war dabei, dass das Abkommen auch für West-Berlin gültig war und dass andere osteuropäische Bündnispartner, die ebenfalls Interesse an Wirtschaftsbeziehungen zur Bundesrepublik hatten, die SED-Ohnmacht „sehr aufmerksam studiert[en]"[11]. Um das Informationsdefizit der DDR auszugleichen, mussten sich die ostdeutschen Diplomaten peinlicherweise an ihre Kollegen von der ungarischen Botschaft wenden, die sich höchst verwundert darüber zeigten, dass nicht – wie sonst üblich – im Vorfeld Konsultationen mit der DDR geführt worden seien[12]. Auch 1965 weigerte sich die rumänische Seite anlässlich der

---

[9] Vgl. Jens Hacker, Der Ostblock. Entstehung, Entwicklung und Struktur 1939–1980, Baden-Baden 1983, S. 888 ff.

[10] PA/AA-MfAA, C 1033/72, Bericht der DDR-Botschaft in Bukarest: Zum Stand und zu den Funktionen der westdeutschen Handelsvertretung in Bukarest sowie einige sich daraus für uns ergebende Schlussfolgerungen vom 24. 5. 1966.

[11] BA-SAPMO, DY 30/IV A2/20/363, Wirtschaftspolitische Abteilung der DDR-Botschaft in Bukarest an das Büro für wirtschaftliche und wissenschaftlich-technische Zusammenarbeit mit dem Ausland vom 22. 10. 1963.

[12] BA-SAPMO, DY 30/IV A2/20/364, Vermerk der DDR-Botschaft in Bukarest über ein Gespräch mit Dr. Nemeth, Konsul der ungarischen Botschaft, am 12. 5. 1964.

„Technischen Ausstellung der Bundesrepublik Deutschland" in Bukarest – sie war die „erste geschlossene deutsche Veranstaltung jenseits des Eisernen Vorhangs"[13] und die Schlüsselmesse für die künftige Entwicklung des bundesdeutschen Osthandels –, DDR-Diplomaten zur Eröffnungsveranstaltung einzuladen sowie detaillierte Auskünfte über die Reden der bundesdeutschen Politiker zu übermitteln[14].

Im Januar 1967 erreichte die Kommunikationsblockade ihren Höhepunkt. So informierte der rumänische Botschafter in der DDR, Constantin Ghenea, am 6. Januar 1967 zwar den dortigen sowjetischen Botschafter und den stellvertretenden DDR-Außenminister Oskar Fischer über die bundesdeutsche Einladung an den rumänischen Außenminister, aber er verriet nicht den wirklichen Grund und das Datum der Reise. Ghenea erklärte lediglich, dass der Besuch der Normalisierung der Beziehungen dienen solle[15]. Bereits am folgenden Tag fanden aber in Bukarest schon die Vorbereitungsgespräche unter Leitung von Hans Helmut Ruete, Ministerialdirektor im Auswärtigen Amt, statt. Dass die SED-Spitze in den kommenden Tagen das Tempo des anvisierten Botschafteraustauschs unterschätzte, ging auch auf verwirrende Presseäußerungen der rumänischen Regierung zurück. Zum Beispiel hatte sich jene am 26. Januar, quasi am Vorabend des Außenministerbesuchs, in der Parteizeitung „Scânteia" eindeutig zu den Ergebnissen der Bukarester Deklaration vom Juli 1966 bekannt, doch schon am nächsten Tag sickerten bundesdeutsche Meldungen durch, dass der Diplomatenaustausch mit den „Gaullisten im Osten" unmittelbar bevorstehe[16].

Auf der symbolpolitischen Ebene fand das Misstrauensverhältnis seinen beredten Ausdruck im Ausbleiben der obligatorischen Staatsbesuche. Dieses Beziehungsdefizit war nicht zuletzt personengebunden. Auch in internationalen Beziehungen hängen Dauer und Intensität von Vertrauens- oder Misstrauensverhältnissen in erheblichem Maße davon ab, ob und wie die maßgeblichen Persönlichkeiten „miteinander können". Dies gilt erst recht in den streng zentralistisch geführten Ostblockstaaten, in denen

---

[13] Karsten Rudolph, Wirtschaftsdiplomatie im Kalten Krieg. Die Ostpolitik der westdeutschen Großindustrie 1945 1991, Frankfurt a. M./New York 2004, S. 222.
[14] BA-SAPMO, DY 30/IV A2/20/364, Bericht der Politischen Abteilung der DDR-Botschaft in Bukarest (Dr. Bock) zur westdeutschen Industrieausstellung in Bukarest vom 9.6.1965.
[15] Vgl. Ulrich Burger, Die Reaktion der DDR auf die Wiederaufnahme der diplomatischen Beziehungen zwischen Bonn und Bukarest 1967, in: Cătălin Turliuc/Flavius Solomon (Hrsg.), Punți în istorie. Studii româno-germane, Iași 2001, S. 149–164, hier S. 151.
[16] Rheinischer Merkur vom 27.1.1967.

eine äußerst kleine Politikerschicht über ein erhebliches Macht- und Entscheidungspotenzial verfügte; die Machtkonzentration nahm hier nicht selten Formen von Personenkult und Alleinherrschertum an. Dass trotz postulierter Gleichberechtigung und Brüderlichkeit die Chemie zwischen den Staats- und Parteiführern oft nicht stimmte (das gilt etwa für Breschnew und Ulbricht), ist hinlänglich bekannt und nichts Außergewöhnliches. Gleichwohl gewann dies immer dann Bedeutung, wenn es darum ging, Spannungen zu entschärfen und politisches Misstrauen abzubauen.

Eine Zäsur stellte der Machtantritt des jungen Nicolae Ceaușescu dar, der im März 1965 die Nachfolge des verstorbenen Gheorghe Gheorghiu-Dej antrat. Mit seiner vergleichsweise jugendlichen Dynamik (Ceaușescu war 47 Jahre alt), seiner symbolpolitischen Distanzierung vom Stalinismus, seinen kulturpolitischen Liberalisierungsmaßnahmen, der forcierten Öffnung zum Westen und den zahlreichen außenpolitischen „Extravaganzen" stellte er für Ulbricht als „Staatsmann der ersten Stunde" eine Herausforderung dar, die der Deutsche auch als eine generationelle empfand. Ulbricht, der inzwischen glaubte, den Aufbau des Sozialismus theoretisch und praktisch bewältigt zu haben, präsentierte sich zum Unwillen Ceaușescus und der anderen Parteiführer ein ums andere Mal in Lehrmeisterpose. Der in Souveränitäts- und Gleichbehandlungsfragen äußerst sensible rumänische Parteiführer, der schon bald nach Amtsantritt alle anderen Parteiführer an internationalem Renommee überflügelte, verweigerte wiederum bis zur Absetzung Ulbrichts seinen Antrittsbesuch in der DDR. Insofern brauchte es erst den Machtwechsel von Ulbricht zu Erich Honecker, mit dem ihn vieles mehr verband, um einen Neuanfang zu besiegeln. So entstammten Honecker (Jahrgang 1912) und Ceaușescu (Jahrgang 1918) ähnlichen sozialen Verhältnissen, hatten eine einfache Volksschul- und Handwerkerausbildung absolviert, engagierten sich im kommunistischen Jugendverband und in der KP, hatten viele Jahre im Zuchthaus gesessen, galten 1945 bereits als gestandene Parteifunktionäre und waren – nicht zuletzt – mit ambitionierten Ehefrauen verheiratet. In ideologischen, macht- und bündnispolitischen Fragen ergaben sich zwischen beiden bis 1989 immer wieder zahlreiche Schnittmengen; schließlich trafen sich beide in der Ablehnung der Reformbemühungen von Michail Gorbatschow.

5. Unbeliebte Aufpasser

Zu den gravierendsten Konsequenzen der Klimaverschlechterung gehörte die Wandlung der DDR und ihrer Vertreter von (offiziell) Vertrauten zu argwöhnischen Kontrolleuren der rumänischen Deutschlandpolitik. Das hatte sowohl für die rumänische als auch bundesdeutsche Seite erhebliche Konsequenzen, insbesondere im kulturellen Bereich. So kam es zum Beispiel im November 1969 zum öffentlichen Eklat zwischen rumänischen Kulturfunktionären und Günter Grass, der eigens nach Bukarest angereist war, um die 300 Exponate umfassende Buchausstellung mit dem programmatischen Titel „Deutsche Gegenwartsliteratur" zu eröffnen. Auf Betreiben von DDR-Diplomaten verboten rumänische Kulturfunktionäre wenige Stunden vor der Eröffnung, 16 Bücher und eine Zeitschrift auszustellen, in denen sich die Autoren kritisch zur DDR und zum kommunistischen System äußerten. Dass sich Günter Grass, auch zur Verärgerung der bundesdeutschen Botschaft, während der hektischen Verhandlungen bis zum Schluss weigerte, diesen Akt der Zensur zu akzeptieren und die Exposition schließlich im Ganzen scheiterte, schlug im In- und Ausland hohe Wellen.

Die DDR-Diplomaten traten als deutschlandpolitische Gralshüter auf und arbeiteten stets auf Verbotsregelungen hin. Es waren vor allem Vertreter der DDR, die den von rumänischer Seite bewusst offen gelassenen Spielraum für bundesdeutsche kulturpolitische Aktivitäten überwachten und kritisierten und damit die deutsch-deutsche Konkurrenzsituation zuspitzten. Mal waren es Modellbauten von Westberliner Theatern, mal die geplante Teilnahme von aus der DDR geflüchteten Künstlern, die auf Drängen der DDR verboten wurden. Mit Erich Moldt, Botschafter zwischen 1965 und 1970, hatte diese Politik des Misstrauens ein markantes Gesicht. So galt er, der nach seiner Zeit in Bukarest zum stellvertretenden Außenminister aufstieg, wegen seiner ständigen Protestnoten, Belehrungen und seiner mal mehr, mal weniger verklausulierten Kritik an der rumänischen Außenpolitik als einer der unbeliebtesten Diplomaten in Rumänien. Auch hier bedurfte es mit dem erst 39 Jahre alten Hans Voß eines personellen Neuanfangs, um auf der diplomatischen Ebene neues Vertrauen zu schaffen.

Unterhalb der Ebene von Diplomatie und Regierung war von diesen Problemen allerdings weit weniger zu spüren, wie sich ebenfalls am Beispiel des Kulturaustauschs zeigen lässt. Hier wurde ein bestimmtes Maß an Kommunikation nie unterschritten. Dazu verpflichteten nicht zuletzt die eingegangenen vertraglichen Regelungen. In einzelnen Bereichen des Kulturaustauschs war sogar im Krisenjahr 1967 ein vermehrter Umfang zu verzeichnen. Beispielsweise hatte sich der Personenaustausch im Vergleich zu den Vorjahren signifikant erhöht. Bei institutionellen Direktvereinbarungen (vor allem im naturwissenschaftlichen Sektor) spielten ideologische Divergenzen eine weitaus geringere Rolle als auf dem diplomatischen Parkett. Die Reichweite symbolischer Misstrauensbekundungen von oben stieß hier an ihre Grenzen. Gerade die sogenannten Mittler und Praktiker des Kultur- und Bildungsaustauschs versuchten, sich und ihre Vorhaben von derartigen politischen Klimaveränderungen abzukoppeln.

6. Berechenbarer Klassenfeind

Als der zuletzt hinzugekommene Akteur im Dreiecksverhältnis verband die Bundesrepublik ihre Neugestaltung der osteuropäischen Beziehungen zunächst nicht mit einer der verbalen Vertrauensoffensiven, die die Außenpolitik der 1970 und 1980er Jahre prägten. Gleichwohl gestaltete sie zumindest den Aufbau eben jener Beziehungen mit Hilfe von vertrauensbildenden Maßnahmen. Dazu nutzte sie zu Beginn ihrer Präsenz in Rumänien ebenso wie die DDR die Kulturpolitik. Der vertrauensbildende Aspekt dieser Aktivitäten zeigte sich vor allem, darin, dass das Auswärtige Amt alles tat, um den rumänischen Erwartungen entgegenzukommen und Berechenbarkeit gegenüber den Gastgebern zu demonstrieren. Beide Seiten einte die Absicht, dass das bundesdeutsche Kulturengagement weder die rumänische Öffentlichkeit noch die ostdeutsch-rumänischen Beziehungen auf politisch-ideologische Weise belasten sollte. Man erlegte sich daher größte Rücksichtnahme auf und favorisierte explizit unauffällige Kleinarbeit[17]. Das Leisetreten und die weitgehende Diskretion korrespondierten zwar mit einer allgemeinen „Haltung der Zurückhaltung"[18] im kulturellen Auftreten im Ausland in den 1950er und 1960er Jahren. Dennoch hatte die Selbstbegrenzung der Bundesrepublik in Rumänien eine andere Ursache. Sie resultierte weniger aus einem verunsicherten nationalen Nachkriegsbewusstsein als vielmehr aus der Unsicherheit darüber, wie man auf systemfeindlichem Boden strategisch am besten agieren sollte, ohne den

---

[17] PA/AA, B 977/368, Kulturpolitischer Jahresbericht der bundesdeutschen Handelsvertretung in Rumänien für 1965.
[18] Johannes Paulmann, Deutschland in der Welt: Auswärtige Repräsentationen und reflexive Selbstwahrnehmung nach dem Zweiten Weltkrieg – eine Skizze, in: Hans Günter Hockerts (Hrsg.), Koordinaten deutscher Geschichte in der Epoche des Ost-West-Konflikts, München 2004, S. 63–78, hier S. 65.

rumänischen Autonomiekurs zu gefährden. Stellvertretend für diese Überlegungen steht die Einschätzung der – mit dem Kulturaustausch des Jahres 1969 letztlich zufriedenen – bundesdeutschen Botschaft: Die Frage, ob die Kulturarbeit zur Verbesserung der bilateralen Beziehungen beitrage, sei im Falle Rumäniens

„insofern ambivalent, als die um mehr Selbständigkeit innerhalb des Ostblocks kämpfende Regierung heute einerseits bereit ist, sich dem Westen weiter zu öffnen, weil sie schneller industrialisieren möchte, andererseits aber mit Rücksicht auf die östlichen Nachbarn vor einer allzu spektakulären deutschen Präsenz zurückscheut. Durch ein Zuviel an Aufsehen konnten wir also unseren politischen Beziehungen durchaus schaden."[19]

Für die Kulturarbeit in Rumänien waren also „stille" Formen gefragt, die im öffentlichen Erscheinungsbild unauffällig waren, zugleich jedoch Bindungskräfte entwickeln konnten. Dabei griff die Bundesrepublik auf das effektivste Mittel jenseits der Ideologie zurück: ihre ökonomische Stärke. Da diese auf Rumänien eine große Anziehungskraft ausübte, entfalteten generöse Gesten die meiste Wirkung. In diesem Sinne kam es zu großzügigen (Bücher-)Schenkungen, lukrativen Einladungen oder Stipendien, wobei das Geberland öffentlich verschwiegen wurde. Darüber hinaus zeigte die Bundesrepublik in den 1960er Jahren in Rumänien durch die Besuche zahlreicher Delegationen von Kultur- und Austauschvermittlern Präsenz. Diese Visiten ergänzten die Reihe von Rumänienbesuchen hochrangiger deutscher Politiker ab der zweiten Hälfte der 1960er Jahre: Staatssekretär Rolf Lahr 1965, Bundeswirtschaftsminister Kurt Schmücker 1966, Außenminister Willy Brandt 1967, Bundesforschungsminister Gerhard Stoltenberg 1969, Staatssekretär Paul Frank und Bundespräsident Gustav Heinemann 1971. Diesen Politiker- und Funktionärsbesuchen wurde von rumänischer Seite wegen ihres hohen symbolischen Gehaltes eine große Bedeutung beigemessen, denn Rumänien wurde als Partnerland anerkannt, und das Regime festigte seinen Anspruch, die weltpolitische Provinz hinter dem Eisernen Vorhang zu verlassen und eine internationale Rolle zu spielen. Wenn dann noch politische Ehrungen erfolgten wie anlässlich des Heinemann-Besuches, bei dem die Ceaușescus und weitere Staatsfunktionäre höchste Stufen des Bundesverdienstkreuzes verliehen bekamen, hatten sich im außenpolitischen

---

[19] PA/AA, B 97/368, Jahreskulturbericht 1969 der bundesdeutschen Botschaft in Rumänien vom 21.1.1970.

Kalkül Rumäniens die in die Beziehungen zur Bundesrepublik gesetzten Erwartungen voll und ganz erfüllt.

Im Auswärtigen Amt war man hingegen weniger zufrieden. Zwar gelang es mit der Herstellung diplomatischer Beziehungen 1967, in den engsten DDR-Einflussbereich einzubrechen, und auch die Wirtschaftsbeziehungen hatten sich nach der Errichtung der Handelsmission 1963/64 so weit entwickelt, dass die Bundesrepublik zum wichtigsten westlichen Handelspartner Rumäniens aufstieg. Auf anderen Feldern stagnierte die Entwicklung jedoch. Die Zahl der Ausreisegenehmigungen von Rumäniendeutschen, die nach dem Machtantritt Ceaușescus 1965 von 2795 auf 609 im Folgejahr gefallen war, blieb auch 1967 (440) und 1968 (614) unverändert niedrig[20]. Auch für das deutschlandpolitische Kardinalproblem, die Berlin-Frage, war eine Lösung nicht in Sicht. Hartnäckig verweigerte sich die rumänische Seite jeder dahingehenden Formulierung, die auf eine öffentliche Anerkennung der bundesdeutschen Zuständigkeit für Westberlin hätte schließen lassen. Selbst die Entwicklung der Kulturbeziehungen kam nicht vom Fleck. Die Bundesrepublik blieb unverändert das stille Geberland, ohne dass die Austauschbeziehungen an Ausgewogenheit, Intensität und Öffentlichkeitswirksamkeit zunahmen. Entsprechend frustriert resümierten die bundesdeutschen Diplomaten bereits 1971, dass das Ceaușescu-Regime im Kern eigentlich keinen Kulturaustausch wolle, sondern nur „eine ideologisch nicht zu beanstandende, massive materielle Hilfe für ihre Wissenschaft und Kultur, ohne dass der Ursprung dieser Unterstützung nach außen erkennbar" sei[21]. Es war zugleich das Jahr, in dem der rumänische Diktator nach einer China-Reise eine neue, restriktive Kulturpolitik ausrief und die Kontakte zum Westen einfror. Die Aktivitäten der bundesdeutschen Organisationen wurden stärker als je zuvor überwacht und rumänische Besucher an der Kontaktaufnahme gehindert. Damit erwiesen sich bereits Anfang der 1970er Jahre all jene Reformvorstellungen rasch als illusorisch, die in der Ausweitung der „gesellschaftlichen Dimension" die Zukunft des bundesdeutschen Kulturaustauschs mit den Ostblockstaaten sahen.

---

[20] Vgl. Thomas Kunze, Nicolae Ceaușescu. Eine Biographie, Berlin 2000, S. 296f. Anm. 333.
[21] PA/AA, B 97/436, Jahreskulturbericht 1971 der bundesdeutschen Botschaft in Rumänien vom 21.2.1972.

7. Abschließende Überlegungen

Das vorliegende Fallbeispiel zeigt, dass nicht nur Vertrauen, sondern auch offenes oder verstecktes Misstrauen ein konstituierendes Merkmal für die politische Binnenkommunikation und -atmosphäre in den sozialistischen Bündnisbeziehungen war – und dass in solchen Konstellationen der Bundesrepublik eine zentrale Rolle zukam[22]. Die DDR entwickelte sich zu einem Staat, der angesichts der bundesdeutschen Präsenz und Rivalität auch seinen Verbündeten gegenüber einen besonderen Kontrollzwang entwickelte. Diese Politik erschöpfte sich nicht nur in fehlendem Vertrauen, sondern bildete ein funktionales Äquivalent für eine ausbleibende Politik des Vertrauens, und zwar mit einer eigenen Logik sowie immanenten Modi und Praxi. Diese Kraftanstrengung führte nicht zuletzt auch zum Image eines beständig angespannten und verkrampften Bündnispartners.

Die bundesdeutsche Osteuropa- und Rumänienpolitik beeinflusste die diplomatische Gangart der DDR maßgeblich. Dabei offenbart sich für Osteuropa ein essenzieller Mechanismus: vertrauensbildende Maßnahmen der Bundesrepublik gegenüber den kommunistischen Regimes lösten – insbesondere bis 1972/73 – nahezu reflexhaft verschärftes Misstrauen auf DDR-Seite aus. Dieser Sachverhalt erscheint im Kontext derart geformter Dreiecksverhältnisse zunächst zwar banal. Dennoch gilt es, die damit verbundenen Effekte und erwartbaren Reaktionen im Kalkül bundesdeutscher Vertrauenspolitik analytisch einzubeziehen, denn dieser Mechanismus war in Bonn bekannt. Vertrauenspolitik, gemeinhin ein Instrument zum Spannungsabbau, war daher ambivalent. Schließlich wurde das destabilisierende Moment bewusst in Kauf genommen oder sogar herbeigeführt; ein „geregeltes Nebeneinander" der beiden deutschen Staaten stand – zumindest bis zur Kanzlerschaft Willy Brandts – noch nicht auf der Agenda bundesdeutscher Außenpolitik. Während Vertrauen und Vertrauenspolitik vielfach als Bestandteile einer erfolgreichen bundesdeutschen Außenpolitik herausgearbeitet werden, zeigt der Fall Rumänien auch die Grenzen dieser Strategie. So führte die vertrauensbildende Politik gegenüber dem Bukarester Regime nach kurzen Anfangserfolgen in die Sackgasse. Sie wirkte sogar – ungewollt – diktaturstabilisierend.

Vertrauen und Misstrauen im deutsch-deutsch-rumänischen Beziehungsgefüge gründeten sich auf vorrangig rationale außenpolitische Motivlagen

---

[22] Vgl. Sheldon Anderson, A Cold War in the Soviet Bloc. Polish-East German Relations 1945–1962, Boulder 2001; Wolfgang Schwarz, Brüderlich entzweit. Die Beziehungen zwischen der DDR und der ČSSR 1961–1968, München 2004.

der beteiligten Akteure. Dieser Umstand wurde durch die Situation des Kalten Kriegs und der deutschen Teilung verstärkt. Aus emotionsgeschichtlicher Perspektive bleibt offen, wie sehr der Verlauf dieser Verhältnisse von der „Sphäre der Gefühle" beeinflusst wurde. Erste Indizien aus dem vorliegenden Beispiel deuten allerdings an, dass (negative) Emotionen für das Aufkommen und den Fortbestand von Misstrauen eine größere Rolle spielten, als – umgekehrt – für die Vertrauensbildung. Dies würde für den Fall, dass weitere Analysen diesen Befund bestätigen, erklären helfen, warum die DDR auch im eigenen Lager in der deutsch-deutschen Konkurrenzsituation fortwährend aus einer Defensivposition heraus agierte – ein Problem, das die SED außenpolitisch bis zum Ende ihrer Herrschaft beschäftigte.

Matthias Peter
Vertrauen als Ressource der Diplomatie
Die Bundesrepublik Deutschland im KSZE-Prozess

1. Einleitung

Die Konferenz über Sicherheit und Zusammenarbeit in Europa (KSZE) war eine multilaterale Konferenz, in der blockübergreifend und unter Teilnahme einiger neutraler und nicht paktgebundener Länder (N+N) insgesamt 33 europäische Staaten sowie die USA und Kanada vertreten waren. Sie wurde 1972 nach langwierigen Diskussionen einberufen, die bis in die 1950er Jahre zurückreichten. Ihren Höhepunkt fand die Konferenz am 1. August 1975 in Helsinki mit der feierlichen Unterzeichnung der Schlussakte durch die Staats- und Regierungschefs der Teilnehmerländer. Sie vereinbarten einen Katalog von Verhaltensregeln, der die zwischenstaatlichen Beziehungen bestimmen sollte. Ferner verpflichteten sie sich, eine Fülle von Maßnahmen zu ergreifen, die Vertrauen im militärischen Bereich aufbauen, wirtschaftliche Zusammenarbeit fördern und humanitäre Erleichterungen für die Menschen bringen sollten. Der KSZE-Prozess ging in den nächsten Jahren mit zahlreichen Folge- und Expertentreffen weiter, von denen eine wachsende Bindekraft für seine Teilnehmer ausging. Ihren vorläufigen Abschluss erreichte diese Entwicklung am 21. November 1990, als die Staats- und Regierungschefs der KSZE-Länder auf ihrem zweiten Gipfel in Paris die „Charta für ein neues Europa" unterzeichneten, den Ost-West-Konflikt für beendet erklärten und die Einheit Deutschlands bestätigten.

Das Ziel, über die Systemgrenzen hinweg Vertrauen zu erzeugen, durchzog den KSZE-Prozess wie ein roter Faden. Am bekanntesten sind sicherlich die in Helsinki vereinbarten Maßnahmen zur militärischen Vertrauensbildung. Doch die Konferenz zielte auf mehr als das, sie war mindestens ebenso sehr darauf gerichtet, politisches Vertrauen unter den Teilnehmerstaaten herzustellen. Bundesaußenminister Walter Scheel gab die Richtung vor, als er in seiner Rede zur Eröffnung der Helsinki-Konferenz am 4. Juli 1973 im Misstrauen ein Hauptmerkmal der europäischen Politik nach dem Zweiten Weltkrieg ausmachte und damit eine zentrale Ursache für den Ost-West-Konflikt benannte[1]. Der Helsinki-Gipfel gab den Startschuss

---

[1] Abgedruckt in: Hans-Adolf Jacobsen/Wolfgang Mallmann/Christian Meier (Hrsg.), Sicherheit und Zusammenarbeit in Europa (KSZE). Analyse und Dokumentation,

für einen Prozess, in dem die Teilnehmerländer ausdrücklich aufgefordert waren,

„nach Möglichkeiten zu suchen, ihre Bemühungen zur Überwindung des Mißtrauens und zur Vergrößerung des Vertrauens zu vereinigen, [um] die Probleme, die sie trennen, zu lösen und zum Wohl der Menschheit zusammenzuarbeiten".

Diese Zielvorgabe entsprach vor allem dem Interesse der Bundesrepublik, die die Ressource Vertrauen im KSZE-Prozess in mehrfacher Weise nutzte: Sie versuchte, Vertrauen zu generieren, indem sie die Helsinki-Beschlüsse durchführte. Als sich der Ost-West-Konflikt seit Ende der 1970er Jahre zunehmend verschärfte, forderte die Bundesregierung vermehrt Vertrauen ein. Überhaupt erhob sie Vertrauen zu einem diplomatischen Schlüsselbegriff gegenüber den Ostblockländern. Auch für das deutsch-deutsche Verhältnis erwies sich die KSZE als Ansatzpunkt. Da beide deutsche Staaten gleichberechtigt teilnahmen, eröffnete sich der Bundesregierung die Möglichkeit, ihren Forderungen vor allem nach menschlichen Erleichterungen gegenüber Ost-Berlin unter Berufung auf die Schlussakte Nachdruck zu verleihen.

Diese Thesen werden im Folgenden in fünf Schritten erläutert. Zunächst soll der Frage nach dem Verhältnis von Diplomatie und Vertrauen nachgegangen werden. Dem schließen sich einige Bemerkungen zur Entstehung des vertrauensbildenden Mandats und zur Rolle an, welche die KSZE in der Außen- und Sicherheitspolitik der Bundesrepublik spielte. Der folgende Abschnitt widmet sich der militärischen Vertrauensbildung, bevor sich der Blick auf den KSZE-Prozess als regulatives Instrument Bonns in der Krise der Entspannung seit Ende der 1970er Jahre richtet. Der letzte Abschnitt schließlich handelt von der Rhetorik des Vertrauensbegriffs.

2. Vertrauen als Ressource der Diplomatie im Kalten Krieg

Vertrauen, darauf bestehen im Anschluss an die Soziologie auch einige Historiker, existiert vor allem im interpersonalen und im institutionellen Bereich. Gegenseitiges Vertrauen wie auch Vertrauen in soziale Systeme, so heißt es, sei notwendige Voraussetzung für stabile gesellschaftliche Ordnungen. Wie verhält es sich aber mit den Beziehungen zwischen Staaten, und wer sind eigentlich die Träger von Vertrauen in den internationalen Beziehungen? Um diese Frage zu beantworten, soll im Folgenden die KSZE als

---

Bd. 2: 1973–1978, Köln 1978, S. 634–641, hier S. 636; das folgende Zitat aus der Präambel der KSZE-Schlussakte vom 1. 8. 1975 findet sich ebenda, S. 914.

Beispiel für einen multilateralen diplomatischen Prozess der Vertrauensbildung zwischen antagonistischen Staatenblöcken untersucht werden.

Diplomatie als die „Kunst, die Ausübung der Macht in Schranken zu halten"[2], hat in der Moderne die Aufgabe, über kommunikatives Handeln zum Aufbau von Vertrauen zwischen Staaten beizutragen. Notwendige Bedingung dafür, dass sich dieses Vertrauen entwickeln kann, ist ein als ausreichend empfundener Vorrat an Informationen. Das Wissen über Funktionsweisen und Absichten des jeweils anderen hilft, Missverständnisse und Fehleinschätzungen zu vermeiden, Handlungserwartungen zu formulieren, Risiken abzuschätzen und letztlich Entscheidungen zu treffen[3]. „Geheimnistuerei", so brachte dies Hans-Dietrich Genscher einmal auf den Punkt, „ist der Feind jeden Vertrauens"[4]. Vertrauen zwischen Staaten ersetzt also keinesfalls das Nichtwissen voneinander; vielmehr sind verlässliche Informationen über die Absichten des jeweils anderen eine Voraussetzung dafür, dass sich Vertrauen bilden kann und Ängste abgebaut oder Bedrohungsvorstellungen korrigiert werden können. Im Ost-West-Konflikt barg die Preisgabe von Informationen jedoch zugleich die Gefahr, verwundbarer zu werden. Dies traf umso mehr zu, als der Aufbau wechselseitigen Vertrauens nicht nur eine deeskalierende und stabilisierende Funktion hatte, sondern auch Spielräume zur friedlichen Einflussnahme auf den Gegner öffnen konnte. Die Chancen der Vertrauensbildung wuchsen jedoch in dem Maße, in dem sie nationale Interessen zu fördern versprach. Dies erkannten auch die UdSSR und ihre Verbündeten, welche in der KSZE-Schlussakte lang ersehnte Ziele wie die Bestätigung der territorialen und machtpolitischen Nachkriegsordnung erreicht zu haben glaubten und demgegenüber das Risiko größerer Offenheit im militärischen und gesellschaftlichen Bereich für beherrschbar hielten.

---

[2] Henry A. Kissinger, Das Gleichgewicht der Großmächte. Metternich, Castlereagh und die Neuordnung Europas 1812–1822. Mit einem Nachwort von Fred Luchsinger, Zürich ²1990, S. 9.

[3] Vgl. Gerda Zellentin, Zur Rolle der Konferenzdiplomatie in den Ost-West-Beziehungen, in: Jost Delbrück/Norbert Ropers/Gerda Zellentin (Hrsg.), Grünbuch zu den Folgewirkungen der KSZE, Köln 1977, S. 13–26, hier S. 18; Timo Freudenberger, Zum Umgang mit Angst und Vertrauen in der Politik, Frankfurt a. M. u. a. 2011, S. 31 f. und S. 41 f.

[4] So Genscher am 18. 12. 1981 in einem Gespräch mit dem tschechoslowakischen Außenminister Bohuslaw Chňoupek; Akten zur Auswärtigen Politik der Bundesrepublik Deutschland 1981, Bd. 3: 1. Oktober bis 31. Dezember 1981, bearb. von Daniela Taschler, Matthias Peter und Judith Michel, München 2012, Dok. 377: S. 2007–2019, hier S. 2016.

Zwar geht es in der Diplomatie um das Verhältnis zwischen Staaten; Vertrauen meint hier primär Verlässlichkeit, Glaubwürdigkeit, Berechenbarkeit und Transparenz staatlicher Handlungen. Bei den Akteuren handelt es sich aber um Menschen, so dass das persönliche Vertrauensverhältnis zwischen Entscheidungsträgern eine wichtige Rolle spielen kann. Dies gilt nicht nur für die Staats- und Regierungschefs sowie ihre Minister, sondern strukturell für den gesamten Bereich der Diplomatie. In deren Regelwerk, in den letzten zweihundert Jahren entwickelt und völkerrechtlich durch Abkommen gesichert, steht das Gespräch – aus gesellschaftlichem Anlass, in Verhandlungen und zwischen den Regierungen – im Mittelpunkt. Wir wissen nicht erst seit dem Wiener Kongress, dass Diplomaten tanzen können und ein guter Drink außerhalb des Konferenzsaals die Entscheidungsfindung erleichtert. Die Aussichten für erfolgreiche Verhandlungen steigen mit dem Grad der persönlichen Nähe und des Vertrauens zwischen den Verhandlungsführern. Auch im KSZE-Prozess ab 1975 spielte der persönliche Kontakt in den Korridoren, den so genannten *Couloirs*, eine wichtige Rolle, um Positionen zu klären und Handlungsspielräume zu testen.

Die Bedeutung, die die Ressource Vertrauen nach 1945 für die Staatenbeziehungen gewann, spiegelt auch veränderte Sicherheitsvorstellungen im Nuklearzeitalter wider. Die fortschreitende Hochrüstung der Militärbündnisse, einschließlich der Drohung mit gegenseitiger nuklearer Vernichtung, erhöhte den Druck, Krisen unterhalb der militärischen Schwelle mit politischen Mitteln zu entschärfen. Das trifft besonders auf die Bundesrepublik zu. Als Teilstaat an der Nahtstelle der Blockkonfrontation mit der höchsten Dichte an Nuklearwaffen hatte sie durch eine diplomatische Deeskalation in Europa am meisten zu gewinnen. Da sich dieses Ziel alleine nicht erreichen ließ, bildete die bi- und multilaterale, auf Vertrauensgewinn im Bündnis wie im Verhältnis gegenüber den Ostblockländern gerichtete kooperative Außenpolitik ein zentrales Strukturmerkmal ihrer Staatsräson und eröffnete zugleich Handlungsspielräume für ihre nationale Agenda.

Diese Erkenntnis leitete in besonderem Maße die Politik Hans-Dietrich Genschers. Der langjährige Bonner Außenminister hielt engsten persönlichen Kontakt zu seinen Amtskollegen in West und Ost und verfolgte eine konsequente Besuchs- und Dialogpolitik. Nicht umsonst galt er als „personifizierte vertrauensbildende Maßnahme[5]. „Wie kein Bundesminister vor ihm", so charakterisierte ihn einmal einer seiner Mitarbeiter, „fliegt

---

[5] So Richard von Weizsäcker; zit. nach Hans-Dieter Heumann, Hans-Dietrich Genscher. Die Biographie, Paderborn u. a. 2012, S. 46.

Hans-Dietrich Genscher, von Unrast getrieben, in der Welt herum, sucht im persönlichen Kontakt sich ein Bild vom Menschen im Politiker zu machen, weil der persönliche Faktor für ihn ein wesentliches Vertrauensmoment der Diplomatie darstellt."[6]

Diese Politik entsprang jedoch keineswegs einer Grunddisposition zur Beschwichtigung gegenüber dem Osten. In Anlehnung an den 1967 vom NATO-Rat gebilligten Harmel-Bericht, der die Notwendigkeit ausreichender Verteidigungsfähigkeit mit einem dauerhaften Gesprächsangebot an den Osten verknüpfte, erkannte Genscher, dass systemübergreifendes Vertrauen militärische Sicherheit nicht ersetzen konnte. Auch Vertrauen im KSZE-Prozess war deshalb ein Mittel, um den Konflikt zwischen West und Ost mit dem Instrumentarium der *Détente* auszutragen. Das Vertrauensregime der KSZE war nicht Selbstzweck, sondern von den jeweiligen Interessen der Teilnehmer geleitet.

3. Die Bundesrepublik und die KSZE

Die KSZE gilt in der bislang vorliegenden historischen Vertrauensforschung, soweit sie überhaupt Erwähnung findet, als Beleg dafür, dass es Vertrauen auch zwischen Staaten geben kann. Ausweis hierfür ist das Dokument zur militärischen Vertrauensbildung in der Helsinki-Schlussakte[7]. Der KSZE-Prozess umfasste jedoch weitere Felder. Neben den vertrauensbildenden Maßnahmen waren dies vor allem die Menschenrechte, ferner die wirtschaftliche und die kulturelle Zusammenarbeit, die nicht minder den Grad gegenseitigen Vertrauens erhöhen sollten.

Paradoxerweise war das spätere Kernelement der Konferenz, nämlich Vertrauensbildung durch Kooperation und Kommunikation, am Anfang gar nicht vorgesehen. Vielmehr war das Maß gegenseitigen Vertrauens in den internationalen Beziehungen abhängig vom Verlauf des Kalten Kriegs. So gab es auch in den spannungsreichen 1950er Jahren Versuche der militärischen Vertrauensbildung, etwa den Vorschlag Präsident Eisenhowers zur Schaffung eines Systems der Luftüberwachung (*Open Skies*). Doch erst die im folgenden Jahrzehnt eingeleitete *Détente* zwischen West und Ost eröff-

---

[6] Wolfram Dufner, Ohne Halt bis Bern. Erinnerungen eines Botschafters an die Schweiz, Frankfurt a. M. 2012, S. 176.

[7] Vgl. z.B. Ute Frevert, Vertrauensfragen. Eine Obsession der Moderne, München 2013, S. 193f. Das „Dokument über vertrauensbildende Maßnahmen und bestimmte Aspekte der Sicherheit und Abrüstung" der Schlussakte findet sich in: Jacobsen/Mallmann/Meier (Hrsg.), Sicherheit und Zusammenarbeit in Europa, Bd. 2, S. 921–924.

nete Spielräume für die Entwicklung einer machteinhegenden Diplomatie. In diesem Sinn forderte der amerikanische Präsident Lyndon B. Johnson 1966 kooperative Schritte zur Friedenserhaltung mit dem Ziel, „wechselseitiges Vertrauen" zu fördern[8].

Gleiches gilt auch für die KSZE. Seit den 1950er Jahren war die Forderung nach einer europäischen Sicherheitskonferenz fester Bestandteil der sowjetischen Westpolitik. Sie kam jedoch nicht zustande, denn der Westen lehnte diese Forderung stets mit dem Argument ab, dass die UdSSR damit lediglich die Westintegration der Bundesrepublik verhindern und eine europäische Sicherheitsordnung ohne die USA schaffen wolle. Auch die Bonner Diplomatie der 1950er und 1960er Jahre sperrte sich gegen die östliche Konferenzidee ohne vorherige Zugeständnisse in der Deutschlandfrage. So scheiterte das Projekt vorerst an einem zentralen konzeptionellen Mangel, nämlich an der Verengung seines Mandats auf die Rüstungskontrolle.

Dies änderte sich erst, als der Westen nach der Neuausrichtung seiner Ostpolitik durch den Harmel-Bericht den Konferenzvorschlag der Warschauer-Pakt-Staaten aufgriff. Diese hatten 1969 erneut eine Sicherheitskonferenz gefordert und dabei auch die wirtschaftliche und wissenschaftliche Zusammenarbeit als mögliche Themen ins Spiel gebracht. Daran knüpften nun vornehmlich die europäischen NATO-Länder im selben Jahr an. Als Bedingung für ihre Teilnahme forderten sie jedoch unter anderem, die Tagesordnung um Themen wie den Umweltschutz und die kulturelle Zusammenarbeit zu erweitern. Vor allem aber sollte nach Möglichkeiten gesucht werden, die Kontakte zwischen den Menschen und den Informationsfluss über die Systemgrenzen hinweg zu verbessern. Diese Erweiterung der Tagesordnung um „weiche" Themen führte zu einer Umfunktionierung des östlichen Konferenzkonzepts. Nicht Abrüstungsthemen sollten im Mittelpunkt stehen, sondern die Verbesserung der Grundlagen des menschlichen Zusammenlebens, also die Förderung zwischenstaatlicher wie transnationaler Kooperation auf militärischem und humanitärem Gebiet. Folgerichtig war im Kommuniqué der Frühjahrstagung der NATO im Mai 1970 erstmals nicht mehr von einer „Europäischen Sicherheitskonferenz", sondern von einer „Konferenz über europäische Sicherheit und Zusammenarbeit" die Rede. Das Mandat der Konferenz schloss das Thema Abrüstung explizit aus. Darüber sollte eine eigene „Konferenz über beiderseitige und ausgewogene Truppenreduzierungen" (*Mutual and Balanced Force Reductions*, MBFR) einberufen wer-

---

[8] Zit. nach Gottfried Niedhart, Entspannung in Europa. Die Bundesrepublik Deutschland und der Warschauer Pakt 1966 bis 1975, München 2014, S. 18.

den. Um aber die Verbindung beider Foren deutlich zu machen, bestand der Westen darauf, im Rahmen der KSZE über Maßnahmen zur militärischen Vertrauensbildung wie die Vorankündigung von Manövern und die Einladung von Manöverbeobachtern zu sprechen. In den Schlussempfehlungen der Vorkonferenz, die 1972/73 in Dipoli bei Helsinki die Verfahrens- und Tagesordnung festlegte, war deshalb von Vertrauensbildung nur im Zusammenhang mit dem Mandat für die Arbeitsgruppe die Rede, die sich Fragen der militärischen Sicherheit widmen sollte. Erst die Präambel der Schlussakte, welche die Diplomaten zwischen Mai und Juli 1975 aushandelten, stellte den gesamten Maßnahmenkatalog in den größeren Zusammenhang der gegenseitigen Vertrauensbildung. Der entsprechende Passus ging auf einen französischen Vorschlag zurück, der zunächst nur vom Abbau von Misstrauen sprach, in den Kommissionsberatungen aber schließlich um den Zusatz erweitert wurde, das Vertrauen unter den Teilnehmerstaaten zu vermehren. Diese Fassung fand die Zustimmung aller Delegationen[9].

Eine notwendige Voraussetzung dafür, dass der Osten dieser Schwerpunktverlagerung der KSZE von „harten" sicherheitspolitischen Themen zu Fragen der Zusammenarbeit zustimmte, war der vorherige Abschluss der Ostverträge, deren Ziel ebenfalls war, „beiderseitiges Vertrauen zu begründen, das an die Stelle von Verdächtigungen und Mißtrauen treten soll"[10]. Durch die Verpflichtung zum Gewaltverzicht und zur Unverletzlichkeit der Grenzen trugen alle Verträge dem Sicherheitsverlangen des Ostens vor möglichen revisionistischen Zielen der Bundesrepublik Rechnung und verringerten dadurch das Misstrauen gegenüber Bonn entscheidend. Umgekehrt nutzte die Bundesrepublik den drängenden Wunsch des Ostens nach einer Sicherheitskonferenz aus, um den Status von Berlin im Rahmen eines Abkommens der Vier Mächte zu sichern[11]. Erst danach war der Weg frei für die Einberufung der KSZE.

Nach zweijährigen mühsamen Verhandlungen unterzeichneten die Staats- und Regierungschefs der Teilnehmerländer am 1. August 1975 in Helsinki schließlich die KSZE-Schlussakte. Das Ergebnis war in so genannten Kör-

---

[9] Vgl. PA/AA, B 28 (Referat 212)/111533, Drahtberichte Nr. 1318 und Nr. 1328 des Botschafters Blech, Genf (KSZE-Delegation), vom 30.6. und 2.7.1975 sowie Drahtbericht Nr. 1395 des Gesandten Freiherr von Groll, Genf (KSZE-Delegation), vom 9.7.1975.
[10] So hieß es in den Instruktionen für Staatssekretär Duckwitz (Entwurf) vom 19.1.1970; Akten zur Auswärtigen Politik der Bundesrepublik Deutschland 1970, Bd. 1: 1. Januar bis 30. April 1970, bearb. von Ilse Dorothee Pautsch u. a., München 2001, Dok. 14: S. 51–60, hier S. 51.
[11] Zum Junktim zwischen Ostverträgen und KSZE vgl. Petri Hakkarainen, A State of Peace in Europe. West Germany and the CSCE, 1966–1975, New York/Oxford 2011.

ben gesammelt worden. Der erste Korb enthielt einen Katalog von zehn Prinzipien des friedlichen Zusammenlebens, darunter Gewaltverzicht, Staatensouveränität und die Achtung der Menschenrechte; ferner enthielt Korb I Maßnahmen zur militärischen Vertrauensbildung. Korb II war der wirtschaftlichen und wissenschaftlich-technischen Zusammenarbeit gewidmet. Der berühmte Korb III sah zahlreiche Maßnahmen im humanitären Bereich vor. Gerne übersehen, aber von überragender Bedeutung war der vierte Korb über das weitere Prozedere. Konkret benannte er die Einberufung eines Folgetreffens 1978 in Belgrad, auf dem eine Bestandsaufnahme vorgenommen und über neue Maßnahmen, einschließlich weiterer Treffen, entschieden werden sollte. Damit war der Grundstein gelegt für einen erfolgsabhängigen Ausbau des KSZE-Systems, mit dem der Druck auf den Osten zur korrekten Durchführung der Helsinki-Beschlüsse aufrechterhalten werden konnte. Dieses Stufenschema macht deutlich, dass die Schlussakte entgegen östlicher Absichten gerade keine neuen Institutionen schuf, sondern den Prozess der Vertrauensbildung auf jeweils neu zu vereinbarenden Folge- und Sondertreffen einer regelmäßigen Kontrolle unterwarf. Das Konferenzsystem, das so entstand, war deshalb selbst Ausdruck fortbestehenden Misstrauens unter den Teilnehmerländern mit der Möglichkeit, das Vertrauensverhältnis zwischen West und Ost am jeweiligen Implementierungsstand zu überprüfen.

Auf dem Helsinki-Gipfel erreichte die Bundesrepublik ein wesentliches Etappenziel ihrer Entspannungspolitik: Die europäische Zusammenarbeit und die Kohärenz des westlichen Bündnisses wurden gestärkt; die eigenen Rechtspositionen, einschließlich der Option zur friedlichen Grenzänderung und freien Bündniswahl, blieben gewahrt; die deutsche Frage war nach wie vor offen, zumal wichtige deutschland- und ostpolitische Ziele wie etwa die Erleichterung menschlicher Kontakte und die Familienzusammenführung zum Anliegen aller Teilnehmerstaaten erklärt worden waren. Die Schlussakte hatte keinen Vertragscharakter und ersetzte daher ungeachtet der östlichen Auslegung keinen Friedensvertrag. Ihre Durchführung war freiwillig; ihr hoher politischer Verpflichtungsgrad machte sie aber für staatliche wie nichtstaatliche Akteure zu einem wichtigen Referenzdokument. Doch wie bewährte sich das in der Schlussakte proklamierte Programm der Vertrauensbildung in der Praxis?

4. Militärische Vertrauensbildung

In der Schlussakte hatten die Teilnehmerstaaten nach langem Feilschen vereinbart, Manöver an denen mehr als 25.000 Soldaten teilnahmen, mindestens 21 Tage vorher anzukündigen und hierzu Beobachter einzuladen. Die Abmachung sollte auch für einen 250 km breiten Streifen im Westen der UdSSR gelten. In Bonn knüpfte man keine besonderen Erwartungen an die militärische Bedeutung der Vertrauensbildenden Maßnahmen (VBM). Die Bundesregierung stellte daher von Beginn an deren politischen Zweck in den Vordergrund. Ihrer Ansicht nach dienten die VBM dazu,

„Verhaltensregeln zu entwickeln, die der Verwendung militärischer Machtmittel Beschränkung auferlegen. Durch vereinbarte Absprachen über militärische Verhaltensregeln sollte nach und nach auf ein politisches Gesamtklima hingewirkt werden, in dem die Bedeutung der militärischen Komponente in den internationalen Beziehungen (d.h. die Möglichkeit des politischen Gebrauchs militärischer Macht) zunehmend eingeschränkt wird."[12]

Dieser dezidiert politische Zweck der militärischen Vertrauensbildung war ein bewusster Gegenentwurf zum Konzept der „militärischen Entspannung", mit dem die Warschauer-Pakt-Staaten nach Helsinki im Abrüstungsbereich weiter punkten wollten.

Doch die militärische Vertrauensbildung ließ sich nur schwer in die Praxis umsetzen. Wie schon früher vermochten die Kreml-Generäle dahinter nur eine Absicht des Westens zu erkennen, die Streitkräfte des Warschauer Pakts auszuspionieren. Statt Vertrauensbildung forderten sie den Abschluss weiterer Abkommen etwa über Gewaltverzicht, den Verzicht auf den Ersteinsatz von Nuklearwaffen und zur Schaffung atomwaffenfreier Zonen. Die in der Schlussakte verankerten Maßnahmen hatten demgegenüber in ihrem Denken keinen besonderen Platz. Der Warschauer Pakt zeigte daher in den ersten zwei Jahren nach dem Helsinki-Gipfel kein großes Interesse daran. Im Gegenteil: Die NATO beeilte sich, schon ihre Herbstmanöver 1975 fristgerecht anzukündigen, um von Beginn an Implementierungsdruck auf den Osten auszuüben. Diese Vorgehensweise wurde von Moskau allerdings mit dem Vorwurf quittiert, dass die NATO mit ihren umfangreichen Übungen gegen den „Geist von Helsinki" verstoße und Stärke demonstrieren wolle[13]. Diese Argumentation war jedoch nicht nur Ausdruck für den geringen Stellenwert, den Moskau und seine Verbündeten der militärischen Vertrauensbildung beimaßen. Sie zeigte auch

---

[12] So die Definition im Entwurf des Berichts der Bundesregierung vom März 1979 an VN-Generalsekretär Waldheim über Vertrauensbildende Maßnahmen; PA/AA, B 43 (Referat 220)/116897, Drahterlass Nr. 1408 des Vortragenden Legationsrats I. Klasse Citron vom 16.3.1979.
[13] PA/AA, B 28 (Referat 212)/111664, Aufzeichnung des Vortragenden Legationsrats I. Klasse Freiherr von Groll vom 16.6.1976.

die Verunsicherung in den östlichen Sicherheitskreisen, wie angesichts wenig flexibler militärischer Strukturen die in Helsinki eingegangenen Verpflichtungen umgesetzt werden sollten. In der Tat kündigte die UdSSR erst im Januar 1976 ein Manöver an. Zuvor hatte sie bewusst nur kleinere Übungen abgehalten, die nicht vorab gemeldet werden mussten. Auch in der Folgezeit verfuhren Moskau und seine Verbündeten restriktiv. Sie meldeten an, was angemeldet werden musste, hielten sich dabei aber eng an die in der Schlussakte enthaltenen Parameter zum Manövergebiet, der Teilnehmerzahl und zum Zeitpunkt – nicht weniger, aber eben auch nicht mehr. Auch hinsichtlich der Manöverbeobachtung war noch reichlich Luft nach oben. Nicht nur, dass Moskau lediglich Vertreter der an das Manövergebiet angrenzenden Länder einlud. Die Beobachtung selbst war streng choreographiert und lieferte keinen großen Erkenntnisgewinn, da es die sowjetischen Generäle verstanden, sich nicht zu sehr in die Karten schauen zu lassen.

Dieses Spiel wiederholte sich auch in den nächsten beiden Jahren. Erst mit dem Herannahen des Belgrader Folgetreffens taute der Osten auf. Im Sommer 1977 kündigte die UdSSR ihre Übung „Karpaten" an und lud erstmals auch die Bundesrepublik zur Beobachtung ein. Trotzdem blieb die Bilanz der militärischen Vertrauensbildung zunächst gemischt. Zwar hielt sich der Warschauer Pakt auch weiterhin eng an die Vorgaben der Schlussakte, ließ nach dem NATO-Doppelbeschluss im Dezember 1979 aber keine Manöverbeobachter mehr zu. Erst mit dem erfolgreichen Ende des Madrider Folgetreffens kehrte Moskau zu einer großzügigeren Einladungspraxis zurück. Auf der Stockholmer Konferenz über Vertrauens- und Sicherheitsbildende Maßnahmen und Abrüstung (1984 bis 1986) willigte der Kreml dann sogar ein, nicht nur die bislang geltenden VBM-Parameter zu erweitern, sondern auch Vor-Ort-Inspektionen zuzulassen, die bislang kategorisch zurückgewiesen worden waren[14].

5. Die KSZE als Kriseninstrument

Der Einmarsch sowjetischer Truppen in Afghanistan Weihnachten 1979 löste eine tiefe Vertrauenskrise in den Ost-West-Beziehungen aus. Sie verschärfte sich noch, als in der Folgezeit polnische Arbeiter mit immer lauterer Stimme politische Teilhabe und eine bessere Versorgung forderten. Am 13. Dezember 1981 rief eine Militärregierung unter General Jaruzelski das Kriegsrecht aus und bereitete damit der Auseinandersetzung – vorläufig – ein jähes

---

[14] Vgl. Ingo Peters, Transatlantischer Konsens und Vertrauensbildung in Europa, Baden-Baden 1987, S. 187–198, insbesondere S. 193f.

Ende. Zuvor schon hatte der Doppelbeschluss vom Dezember 1979, mit dem die NATO die Stationierung von nuklearen Mittelstreckenraketen und landgestützten *Cruise Missiles* für den Fall ankündigte, dass Verhandlungen zum Abbau sowjetischer SS-20 erfolglos bleiben würden, bei der UdSSR und ihren Verbündeten großes Misstrauen gegenüber den Absichten des Westens erzeugt. Aber auch in den westlichen Gesellschaften, besonders stark in der Bundesrepublik, formierten sich Protestbewegungen, die lautstark ihre Skepsis hinsichtlich des Abrüstungswillens des westlichen Bündnisses artikulierten.

Dieser Temperatursturz in den Ost-West-Beziehungen wurde in Bonn ausdrücklich als eine massive Vertrauenskrise empfunden. Wie ging die bundesdeutsche Diplomatie damit um, dass ihre Hoffnungen und Erwartungen derart enttäuscht wurden? Um einer drohenden Sprachlosigkeit zwischen den Supermächten entgegenzuwirken, entwickelte die Bundesrepublik eine Gegenstrategie, in deren Mittelpunkt der KSZE-Prozess stand. *Erstens* baute sie ganz auf ihre Besuchsdiplomatie und nutzte dazu mehr als alle Verbündeten die bestehenden Kommunikationskanäle. Hierfür steht exemplarisch der Moskau-Besuch von Bundeskanzler Helmut Schmidt und Bundesaußenminister Hans-Dietrich Genscher im Sommer 1980. Ausgiebig bediente sich der Kanzler des Vertrauensbegriffs und verwies dabei wiederholt auf den KSZE-Prozess. Die Bundesrepublik, so führte er Breschnew vor Augen, fürchte eine „Gefährdung des Vertrauens in die sowjetische Politik aufgrund der Ereignisse in Afghanistan. Denn dieses Vertrauen ist die Basis der Entspannung zwischen Ost und West"[15]. Der Bundeskanzler appellierte dabei als ehemaliger Oberleutnant der Wehrmacht zeitweise an Gefühle, von denen er annahm, dass der ehemalige Rotarmist Breschnew sie teile. Als Schmidt berichtete, dass er bei der Kranzniederlegung am Grab des Unbekannten Soldaten Tränen in den Augen gehabt habe, und den Friedenswillen des Kreml-Chefs mit den Worten beschwor: „In diesem Punkt habe ich unbegrenztes Vertrauen in Sie", antwortete Breschnew: „Sie irren sich nicht."[16] Beide Seiten waren sich einig, dass „Vertrauen wachsen muß"[17] und

---

[15] So in einem deutsch-sowjetischen Regierungsgespräch am 30.6.1980 in Moskau; Akten zur Auswärtigen Politik der Bundesrepublik Deutschland 1980, Bd. 1: 1. Januar bis 30. Juni 1980, bearb. von Tim Geiger, Amit Das Gupta und Tim Szatkowski, München 2011, Dok. 192: S. 1016–1033, hier S. 1025.

[16] So in einem deutsch-sowjetischen Regierungsgespräch am 1.7.1980 in Moskau; Akten zur Auswärtigen Politik der Bundesrepublik Deutschland 1980, Bd. 2: 1. Juli bis 31. Dezember 1980, bearb. von Tim Geiger, Amit Das Gupta und Tim Szatkowski, München 2011, Dok. 193: S. 1035–1050, hier S. 1041.

[17] So im deutsch-sowjetischen Regierungsgespräch am 30.6.1980 in Moskau; AAPD 1980/1, Dok. 192, S. 1032.

sie sich nicht gegenseitig „hinters Licht"[18] führen dürften. Beide stellten den KSZE-Prozess als zentrales Instrument heraus, um das verlorene militärische und politische Vertrauen wieder herzustellen.

Zweitens hielt die Bonner Diplomatie trotz Afghanistan und der mageren Bilanz am Konzept der militärischen Vertrauensbildung fest, war es doch Moskau, das durch die Intervention an Glaubwürdigkeit verloren hatte. „Das westliche Konzept der Vertrauensbildung im militärischen Bereich", so schloss man in Bonn, „hat aber trotz dieser Entwicklung nichts an seiner Bedeutung verloren. [...] Gerade dann, wenn akuter Anlaß besteht, die Vertrauenswürdigkeit der Gegenseite in Zweifel zu ziehen, ist Vertrauensbildung objektiv erforderlich."[19] Daher bemühte sich die Bundesrepublik darum, das Konzept sogar weiter auszubauen. Beim zweiten Folgetreffen, das am 11. November 1980 in Madrid begann, verfolgte sie das Ziel, einem französischen Vorschlag entsprechend, unter dem Dach der KSZE eine Konferenz über Abrüstung in Europa (KAE) zu vereinbaren. Diese sollte in einem ersten Schritt weitere, jetzt bindende und verifizierbare Maßnahmen aushandeln. Wichtigster Punkt aus Bonner Sicht war, dass diese Maßnahmen in einem Gebiet Anwendung finden sollten, das „vom Atlantik bis zum Ural" reichte, also den gesamten europäischen Teil der Sowjetunion für militärische Inspektionen öffnen würde. Darüber hinaus erwartete Bonn von der Konferenz ein Signal, dass die Bündnisse trotz der Krise noch miteinander über Rüstungskontrolle reden konnten[20].

Der KSZE-Prozess wurde für die Bundesrepublik *drittens* zum zentralen Bezugspunkt in der Polen-Krise. Genscher wertete die Ereignisse als Zeichen dafür, dass sich die normative Kraft der Schlussakte und die Politik der Vertrauensbildung für den Westen auszuzahlen begannen. Die Helsinki-

---

[18] So der sowjetische Verteidigungsminister Dimitrij Ustinow zu Helmut Schmidt am 1.7.1980 in Moskau; AAPD 1980/2, Dok. 194: S. 1050–1063, hier S. 1051.
[19] So Ministerialdirektor Blech in einer Aufzeichnung vom 9.1.1980; AAPD 1980/1, Dok. 8: S. 47–55, hier S. 54. Dabei war man sich in Bonn darüber im Klaren (ebenda, S. 55), „daß eine aktive, auf vertrauensbildende Maßnahmen gerichtete Politik in der internationalen und nationalen Öffentlichkeit auf subjektive, psychologische Schwierigkeiten stoßen kann. Eine solche Politik impliziert, daß der SU wenigstens prinzipiell Vertrauenswürdigkeit zugebilligt werden kann; der SU dies implicite zu bescheinigen, während im Zusammenhang mit Afghanistan ihr Vertrauenswürdigkeit bestritten wird, ist nicht leicht verständlich zu machen."
[20] Zur Haltung Bonns in der Frage einer KAE vgl. Matthias Peter, Sicherheit und Entspannung. Die KSZE-Politik der Bundesregierung in den Krisenjahren 1978–1981, in: ders./Hermann Wentker (Hrsg.), Die KSZE im Ost-West-Konflikt. Internationale Politik und gesellschaftliche Transformation 1975–1990, München 2012, S. 63–71.

Schlussakte betrachtete er deshalb als ein schlagkräftiges Argument, um Moskau zur Mäßigung an- und von einer Intervention abzuhalten. Unter dem Schutzschirm der KSZE sollte sich das polnische Reformexperiment nach Auffassung Genschers weiter entwickeln können. Unter ausdrücklicher Berufung auf die Unterschrift Breschnews unter die Schlussakte machte er Moskau wiederholt deutlich, dass ein Einmarsch in Polen „den Prozeß der Entspannung und die Idee der Vertrauensbildung irreparabel schädigen" würde[21].

Viertens setzte die Bonner Diplomatie die Schlussakte im Streit um die Nachrüstung ein. So kritisierte Genscher zum einen die sowjetische Rüstungspolitik als überzogen; sie widerspreche „dem bereits in die KSZE-Schlußakte eingegangenen Gedanken der Schaffung eines Verhandlungs- und Vertrauensklimas durch Mäßigung"[22]. Darüber hinaus versuchte die Bundesregierung, durch ihr unbeirrtes Festhalten am KSZE-Prozess auch, einem Vertrauensverlust der Öffentlichkeit in den westlichen Abrüstungswillen entgegenzuwirken. Wie Genscher dem jugoslawischen Außenminister am 14. Juli 1981 erklärte, benötige die Welt jetzt „Zeichen der Hoffnung [...], die zur Vertrauensbildung beitragen", darunter eine erfolgreiche Madrider Folgekonferenz, den Beginn von Verhandlungen über Mittelstreckenraketen und von Verhandlungen zur Beendigung des Afghanistan-Kriegs. „Das alles", so Genscher, „könnten Signale der Vertrauensbildung sein."[23]

Dieser geradezu formelhafte Einsatz der Vertrauens-Vokabel durch den Bonner Außenminister zeigt anschaulich den hohen kommunikativen Wert, den sie neben der konkreten Zielvorgabe der Helsinki-Schlussakte für die Bundesrepublik besaß. Gerade während der Krise der *Détente* seit Ende der 1970er Jahre nutzte Genscher sie über den in der KSZE stipulierten militärischen Geltungsbereich hinaus verstärkt als verbales Mittel zur innen- und außenpolitischen Deeskalation. Allerdings, dies soll nicht verschwiegen

---

[21] So Botschafter Meyer-Landrut, Moskau, im Drahtbericht Nr. 1235 vom 27.3.1981 an das Auswärtige Amt; Akten zur Auswärtigen Politik der Bundesrepublik Deutschland 1981, Bd. 1: 1. Januar bis 30. April 1981, bearb. von Daniela Taschler, Matthias Peter und Judith Michel, München 2012, Dok. 88: S. 465–470, hier S. 467. Vgl. auch Peter, Sicherheit und Entspannung, S. 71–79; Douglas Selvage, The Superpowers and the Conference on Security and Cooperation in Europe, 1977–1983. Human Rights, Nuclear Weapons, and Western Europe, in: Peter/Wentker (Hrsg.), KSZE im Ost-West-Konflikt, S. 36–44.
[22] So im deutsch-polnischen Regierungsgespräch am 19./20.3.1981 in Warschau; AAPD 1981/1, Dok. 78: S. 408–426, hier S. 410.
[23] So Außenminister Genscher am 14.7.1981 zu seinem jugoslawischen Amtskollegen Vrhovec; Akten zur Auswärtigen Politik der Bundesrepublik Deutschland 1981, Bd. 2: 1. Mai bis 30. September 1981, bearb. von Daniela Taschler, Matthias Peter und Judith Michel, München 2012, Dok. 205: S. 1105–1119, hier S. 1108f.

werden, weckte die Vertrauensoffensive Bonns gegenüber den Warschauer-Pakt-Ländern in gleichem Maße Misstrauen bei den Verbündeten[24]. Vor allem in den USA machte nun das Wort vom „Genscherismus" die Runde. Vertrauenspolitik in der Krise war für die Bundesrepublik daher eine Gratwanderung zwischen entspannungspolitischer Staatsräson und Bündnisloyalität.

6. Rhetorik

Dass sich in den Quellen der Begriff Vertrauen häufig findet, ist ein deutlicher Hinweis darauf, dass wir es bei dieser diplomatischen Ressource auch mit einem festen Bestandteil der politischen Sprache zu tun haben. Die *Détente* war letztlich ein Mittel zur Austragung des Systemkonflikts. Dementsprechend war der Einsatz der Vertrauensvokabel Teil der Konfliktstrategie. Regelmäßig forderten die Teilnehmerstaaten der KSZE mehr Vertrauen vom anderen und versicherten diesem zugleich, dass man selbst nur friedfertige Absichten hege. Im KSZE-Prozess wurde Vertrauen zum Schlüsselbegriff westlicher wie östlicher Entspannungsrhetorik. Es kann deshalb nicht überraschen, dass gerade mit der Verschärfung des Ost-West-Konflikts Ende der 1970er Jahre auch ihr Gebrauch zunahm, wie der Schmidt-Besuch in der UdSSR im Sommer 1980 beispielhaft zeigte. Aber auch für Genscher gilt, dass er bei seinen Gesprächspartnern mehr Vertrauen einforderte, je stärker sich die Ost-West-Beziehungen abkühlten. Während die Zahl der nuklear bestückten Raketen wuchs und die Bereitschaft zum Dialog auf beiden Seiten abnahm, wurde das „V-Wort" geradezu zur Beschwörungsformel, mit der sich Bonn und seine osteuropäischen Gesprächspartner gegenseitig versicherten, dass sie weiterhin verlässliche Akteure seien. Natürlich verbarg sich dahinter die Absicht, von der Gegenseite größere Kooperationsbereitschaft zu fordern und Verständnis für den eigenen Standpunkt zu wecken. Dies veranschaulicht ein Briefwechsel zwischen Breschnew und Schmidt:

Schmidt an Breschnew, 31. Januar 1980[25]	Breschnew an Schmidt, 4. März 1980[26]
Besonders beunruhigt und betroffen aber bin ich darüber, daß nunmehr durch das Vorgehen Ihres Landes in Afghanistan ein internationaler Krisenherd	Sie wissen doch auch selbst, dass [die Spannungen] keineswegs mit den afghanischen Ereignissen begonnen haben, sondern viel früher, als die Linie der

---

[24] Zur Kritik an der Bonner Außenpolitik vgl. Selvage, Superpowers, S. 36–52.
[25] AAPD 1980/1, Dok. 34: S. 213ff., hier S. 214.
[26] PA/AA, VS-Bd. 14086 (010), und B 150, Aktenkopien 1980, Drahterlass Nr. 1290 des Vortragenden Legationsrats I. Klasse Arnot vom 5. 3. 1980 an Bundesminister Genscher (Kuala Lumpur).

geschaffen worden ist. Ich bitte Sie daher, Herr Generalsekretär, sich diesen Gefühlen einer weltweit verbreiteten Sorge nicht zu verschließen. [...] Der Verlust an internationalem Vertrauen, den das bedeutet, die Unsicherheit, die ein solches Ereignis in die internationalen Beziehungen hineinträgt, die Verschlechterung der Weltlage, die eine unvermeidbare Folge der Anwendungen bewaffneter Gewalt ist, stellen einen hohen Preis dar, den die ganze Völkerfamilie, und nicht zuletzt auch Ihr eigenes Land, für dieses Vorgehen zahlt.

US-Administration und der NATO-Verbündeten der USA das Aufpeitschen des Wettrüstens, auf die Sicherstellung der militärischen Überlegenheit der USA in der Welt, auf das Streben Washingtons, die internationalen Probleme von der Position der Stärke aus zu lösen, immer deutlicher zum Ausdruck kam. [...] Eben eine solche Politik untergräbt das internationale Vertrauen, erweckt bei den Menschen Unsicherheit über die nächste Zukunft, verschlechtert krass die internationale Lage.

Fünf Wochen nach dem sowjetischen Einmarsch in Afghanistan schickte Helmut Schmidt am 31. Januar 1980 KP-Chef Leonid Breschnew ein Schreiben, in dem er die Bedeutung von Vertrauen für eine zivilisierte Staatenwelt herausstellte. In deutlichen Worten wies er auf den Vertrauensverlust nach der Militärintervention hin. Der Bundeskanzler vergaß auch nicht, Breschnew auf die VN-Charta und die Schlussakte von Helsinki als Grundlagen einer „zuverlässige[n] und voraussehbare[n] Politik" aufmerksam zu machen.

Auf dieses Schreiben antwortete Breschnew am 4. März. Bei der Gegenüberstellung der beiden Schreiben fiel den Beamten des Auswärtigen Amts auf, dass der Kreml-Chef den Vertrauensbegriff des Bundeskanzlers aufgriff, ihn jedoch dazu benutzte, seinerseits den Westen des Vertrauensbruchs zu beschuldigen[27]. Schmidt nämlich führte die Krise in den Ost-West-Beziehungen auf das gewaltsame Vorgehen der Sowjetunion in Afghanistan zurück und warnte vor den Folgen, die sich aus dem Verlust an Vertrauen und Sicherheit für die internationalen Beziehungen ergäben. Doch der Kreml-Chef drehte den Spieß um. Breschnew nahm geschickt auf Schmidts Passage Bezug, kehrte die Argumentation des Bundeskanzlers jedoch gegen den Westen. Nicht Afghanistan, sondern der NATO-Doppelbeschluss und das amerikanische Streben nach militärischer Überlegenheit und einer „Position der Stärke" seien für den Vertrauensverlust verantwortlich. Die Schlussakte von Helsinki erwähnte der Generalsekretär bezeichnenderweise nicht. Mit diesem Schachzug wies Breschnew jede Verantwortung für das Wiederaufflammen des Ost-West-Konflikts zurück und spielte den Ball ins gegnerische Feld: Forderte Schmidt unter Hinweis auf Afghanistan sichtbare

---

[27] Vgl. die Aufzeichnung des Ministerialdirigenten Lücking vom 10. 3. 1980; AAPD 1980/1, Dok. 78: S. 440–450, hier S. 447f.

Zeichen für eine gemäßigte sowjetische Außenpolitik, lag es aus Sicht des Kreml am Westen, wieder auf den Pfad des Friedens einzuschwenken. Auch Moskau, das macht dieses Beispiel deutlich, beherrschte das Spiel auf der rhetorischen Klaviatur.

Dieser Briefwechsel ist zugleich ein gutes Beispiel dafür, dass es bei der Verwendung des Vertrauensbegriffs immer auch um die Deutungshoheit über die Entspannungspolitik ging. Die Bundesrepublik war der bevorzugte Adressat Moskaus, um Einfluss auf die westliche Ostpolitik zu nehmen und vielleicht doch noch die Stationierung amerikanischer Nuklearraketen zu verhindern. Ihr Vertrauenskurs machte die Bundesrepublik also durchaus angreifbar für sowjetische Gegenaktionen und war nicht ohne Risiko, dessen sich Genscher und seine Diplomaten jedoch sehr bewusst waren.

7. Zusammenfassung

Vertrauen ist ein fester Bestandteil des diplomatischen Codes und eine wichtige Ressource für außenpolitisches Handeln mit dem Ziel, Fehleinschätzungen zu vermeiden, (Ver-) Handlungsspielräume zu öffnen und letztlich durch den Abbau von Spannungen Sicherheit zu schaffen. Die KSZE hatte den Zweck, das tief verankerte Misstrauen zwischen Ost und West abzubauen. Mit ihr wurde Vertrauen zu einem wichtigen Bestandteil der Sicherheitsarchitektur in den Ost-West-Beziehungen. Eine besondere Rolle spielte dabei ihre militärische Variante. Es wäre jedoch verkürzt, die systemübergreifende Vertrauensbildung auf die in der Schlussakte vereinbarten Maßnahmen im militärischen Bereich zu reduzieren. Mit der Selbstverpflichtung der Teilnehmerstaaten zu Gewaltverzicht und Nichteinmischung sowie den in Korb III ausformulierten humanitären Zielen gab sie Bonn ein ideales Instrument an die Hand, um daneben auch die politische Vertrauensbildung voranzutreiben. Im Unterschied zum soziologischen Verständnis von Vertrauen verweist das Beispiel der KSZE auf andere Begriffsinhalte. So zielte die Vertrauensbildung im Kalten Krieg auf größere Transparenz und Berechenbarkeit der gegnerischen Absichten und Aktionen, um eine weitere Eskalation zu verhindern. Dabei bedurfte sie aber der Absicherung durch ausreichende Verteidigungsanstrengungen. Die KSZE steht deshalb für den Versuch einer multilateralen Vertrauensbildung in Form eines militärisch abgesicherten, kontrollierbaren und gegebenenfalls widerrufbaren langfristigen Konferenzprozesses.

Gerade für die Bundesrepublik der 1970er und 1980er Jahre war Vertrauen ein Schlüsselbegriff ihrer Entspannungsstrategie. Er entsprach strukturell den Möglichkeiten der Bundesrepublik als Zivilmacht und Frontstaat im Kalten Krieg und war ein unentbehrliches Instrument in ihrem Bemühen, in der Nachrüstungsdebatte sowie in der Doppelkrise von Afghanistan und Polen deeskalierend einzugreifen. Dabei entwickelte sich die KSZE für Bonn zu einem kontrazyklischen Stabilisierungsinstrument mit dem Ziel, unter bewusstem Einsatz der Ressource Vertrauen das Konfliktverhalten Moskaus zu beeinflussen, größere Offenheit des kommunistischen Systems zu fordern und – auch um den Preis des Misstrauens im Lager der Verbündeten – den Ost-West-Dialog fortzusetzen.

Vertrauen als Ressource war jedoch eingebettet in die politische Sprache der Zeit. Zwar gab es den rhetorischen Rückgriff auf Vertrauen auch schon vor Helsinki. Aber erst die durch die Schlussakte ausgelöste Konjunktur des Begriffs im Dialog zwischen Ost und West machte den Appell zu mehr Vertrauen auf Dauer zu einem Mittel in der blockübergreifenden Kommunikation des Kalten Kriegs. Die Forderung nach mehr Vertrauen zwischen den Ländern Europas zielte vordergründig nicht auf eine Systemüberwindung, sondern war Teil des in der Schlussakte formulierten Kooperationskonzepts. Das Wort war daher, wie wir gesehen haben, auch für den Kreml mit der Zeit annehmbar. Vor allem die Bundesrepublik bediente sich dieses Begriffs aber gern und bei zahlreichen Gelegenheiten, war er doch nützlich, um ihren Forderungen nach Verbesserung der Beziehungen und vor allem nach praktischen Erleichterungen für die Menschen auch auf einer emotionalen Ebene Nachdruck zu verleihen.

ZEITGESCHICHTE IM GESPRÄCH

BAND 20

Thomas Schlemmer, Hans Woller (Hrsg.)
Der Faschismus in Europa
Wege der Forschung

2014, 148 S.
Br. € 16,95
ISBN 978-3-486-77843-4
eBook € 16,95
PDF ISBN 978-3-486-85906-5
ePUB ISBN 978-3-11-039908-0
Print + eBook € 26,95
ISBN 978-3-486-85907-2

Es ist unbestritten, dass der Faschismus als Weltanschauung, Herrschaftssystem und soziale Praxis zu den Signaturen des 20. Jahrhunderts gehört. Dafür ist die wissenschaftliche und politische Auseinandersetzung über das Wesen des Faschismus umso kontroverser geführt worden – und sie ist bis heute nicht zum Abschluss gekommen. Was hielt die faschistischen Bewegungen, die nach 1919 in ganz Europa entstanden, im Innersten zusammen? Was verband und was trennte Faschismus und Nationalsozialismus? Diese und andere Fragen stehen im Mittelpunkt des vorliegenden Bandes, der eine Bilanz der internationalen Faschismusforschung seit den 1990er Jahren zieht und dabei Autoren aus Deutschland, Großbritannien, Italien und den USA zu Wort kommen lässt.

Thomas Schlemmer ist wissenschaftlicher Mitarbeiter am Institut für Zeitgeschichte München-Berlin.

Hans Woller ist wissenschaftlicher Mitarbeiter am Institut für Zeitgeschichte München-Berlin und Chefredakteur der Vierteljahrshefte für Zeitgeschichte.

degruyter.com/oldenbourg

Ulrich Lappenküper
Prekäres Vertrauen
François Mitterrand und Deutschland seit 1971

1. Theoretische Vorbemerkungen

Schon Plato hat in seiner „Politeia" die Notwendigkeit von Vertrauen zwischen Herrschern und Beherrschten als Vorbedingung einer zivilen Gesellschaft apostrophiert. Heute hat das Thema in der soziologischen, politikwissenschaftlichen und philosophischen Forschung geradezu Hochkonjunktur, und auch die Geschichtswissenschaft nimmt sich seiner immer intensiver an. Was aber ist Vertrauen? Ganz allgemein könnte man mit Eric M. Uslaner von einer moralischen Größe sprechen – dem Glauben an den Anderen und dem Willen, entsprechend zu handeln, in der Hoffnung, dass dieser ebenfalls so agiert[1]. Von diesem Generalvertrauen zu unterscheiden wäre das Partikularvertrauen homogener Gruppen, die sich gut kennen, eventuell vertraglich verbunden sind oder die Erwartung ausgedehnter zukünftiger Interaktionen hegen. Ob Individuen – wie Russell Hardin behauptet – sich nur dann für vertrauenswürdig erachten, wenn die Zusammenarbeit ihren Interessen dient[2], erscheint zweifelhaft. Gewiss aber ist Vertrauen risikobehaftet, kann enttäuscht werden und in Misstrauen umschlagen.

Vieles, nicht alles, was hier skizziert worden ist, gilt auch, wenn man das Konzept des sozialen Vertrauens auf die Ebene der internationalen Politik hebt. Staaten haben keine Freunde, Staaten haben Interessen, heißt es, vor allem das Fundamentalinteresse, sich vor äußerer Gefahr zu schützen. Glaubt man der realistischen Schule der internationalen Beziehungen, gab und gibt es in einem vom „Sicherheitsdilemma" bestimmten internationalen System grundsätzlich nur „little room for trust"[3]. In der Ära des Kalten Kriegs scheint sogar ein blockspaltendes Misstrauen vorherrschend gewesen zu sein, das ein stetiges Bemühen um „Reassurance, and Cooperation" notwendig gemacht habe[4].

---

[1] Vgl. Eric M. Uslaner, The Moral Foundations of Trust, Cambridge 2002.
[2] Vgl. Russell Hardin, Conceptions and Explanations of Trust, in: Karen S. Cook (Hrsg.), Trust in Society, New York 2001, S. 3–39.
[3] John J. Mearsheimer, The False Promise of International Institutions, in: International Security 19 (1994) H. 3, S. 5–49, hier S. 11.
[4] Vgl. Andrew Kydd, Trust, Reassurance, and Cooperation, in: International Organi-

Man wird diese Behauptung Andrew Kydds in ihrer Absolutheit wohl ebenso bezweifeln können wie die entgegengesetzte Annahme, wonach zwischen Staaten, die durch Werte, Normen und Verträge verbunden sind, prinzipiell Vertrauen herrscht[5]. Denn hier wie dort basiert Vertrauen auf der Abschätzung der Intentionen des Gegenüber; es muss aktiv aufgebaut und kontinuierlich gepflegt werden. Dabei kommt der Diplomatie, namentlich der Kommunikation zwischen den *top-level policy-makers*, offenbar eminente Bedeutung zu.

2. Vertrauen als Kategorie der deutsch-französischen Beziehungen in der frühen Nachkriegszeit

Die Geschichte des deutsch-französischen Verhältnisses in der zweiten Hälfte des 20. Jahrhunderts hält reichhaltiges Anschauungsmaterial für diese These bereit. Zwar zwang der Kalte Krieg beide Staaten auf dieselbe Seite des Eisernen Vorhangs; ihre historische „Erbfeindschaft" war damit aber keineswegs obsolet. Dazu bedurfte es erst eines langen Prozesses des Aufeinanderzugehens, in dem Vertrauen eine zentrale Rolle spielte.

Kaum war die Bonner Republik 1949 aus der Taufe gehoben, vereinbarte Frankreich mit seinen angloamerikanischen Partnern, die im Besatzungsstatut festgelegten Rechte ihres Mündels in dem Maße zu erweitern, „wie die Verwaltung der Bundesrepublik das Vertrauen rechtfertigt, daß sie auf die Errichtung eines freien, demokratischen und friedlichen Deutschland hinarbeitet"[6]. Nur „auf der Grundlage gegenseitigen Vertrauens"[7], dessen war sich Bundeskanzler Konrad Adenauer seither mehr als bewusst, würde es dem westdeutschen Teilstaat möglich sein, Handlungsfreiheit zu gewinnen und als gleichberechtigtes Mitglied der westlichen Staatenwelt anerkannt zu werden. Nur durch ein ehrliches Bemühen um Vertrauen konnte das „Transitorium" (Theodor Heuss) Akzeptanz, Sicherheit und Souveränität erlangen. Konkret bedeutete das für Adenauer, dass die Bundesrepublik ungeachtet ihrer grundsätzlichen Forderung nach Gleichberechtigung und

---

zation 54 (2000), S. 325–357, und Andrew H. Kydd, Trust and Mistrust in International Relations, Princeton 2005.

[5] Vgl. Michael P. Jasinski, Social Trust, Anarchy, and International Conflict, New York 2011, S. 88.

[6] Schlusskommuniqué der Pariser Außenministerkonferenz vom 11.11.1949, in: Europa-Archiv 5 (1950) Teil 2, S. 3153f. Anm. 7.

[7] Zit. nach Horst Lademacher/Walter Mühlhausen (Hrsg.), Sicherheit, Kontrolle, Souveränität. Das Petersberger Abkommen vom 22. November 1949. Eine Dokumentation, Melsungen 1985, S. 87–90, hier S. 87.

ihres Beharrens auf Reziprozität zu Vorleistungen und Zugeständnissen bereit sein musste. Diese Überzeugung stellte er im Kontext des Petersberger Abkommens oder des Vertrags über die Europäische Verteidigungsgemeinschaft mehrfach unter Beweis.

Trotz aller Vertrauensrhetorik und der damit verbundenen Gesten und Handlungen des Kanzlers blieb zwischen den Nachbarn am Rhein ein latenter Argwohn bestehen – ein Argwohn, der drei Jahrzehnte später während der Kanzlerschaft Helmut Kohls sogar in offenes Misstrauen umschlagen sollte. In diesem Beitrag geht es darum, welche Rolle der französische Präsident François Mitterrand dabei spielte. Welche Bedeutung besaßen Vertrauen und Misstrauen in den deutsch-französischen Beziehungen der Ära Mitterrand? War die Rhetorik von Vertrauen und Misstrauen nur ein politisch-strategisches Instrument oder steckte mehr dahinter? Diente der Rekurs darauf, nationale Interessen zu verbrämen, oder wurzelte er in den subjektiven Empfindungen des vierten Präsidenten der Fünften Republik?

3. Der fremde Nachbar: Deutschland im Urteil Mitterrands 1916 bis 1981

Geboren 1916 im südwest-französischen Jarnac, wuchs Mitterrand in einer Familie mit festem außenpolitischem Feindbild auf. Seine frühen Vorstellungen vom deutsch-französischen Verhältnis waren, wie er später selbst zugab, einseitig und verzerrt. Die von ihm als anti-deutsch angesehene Politik des Kardinals Richelieu hielt er für richtig; an der Annexion deutscher Landstriche durch Napoleon I. hatte er nichts auszusetzen. Aber es war Mitterrand unmöglich, den Deutschen die Invasion von 1870 oder den Einmarsch 1914 zu verzeihen; *sie* trugen in seinen Augen stets die Schuld an allen deutsch-französischen Konflikten. Kaum überraschend hielt er eine Annäherung der beiden „Erbfeinde" nach der Katastrophe des Zweiten Weltkriegs für fast unmöglich, die für ihn persönlich gleichsam das Ende der Welt und jahrelange Kriegsgefangenschaft in Deutschland bedeutete.

Als Staatsmänner vom Schlage Robert Schumans Mitterrand eines Besseren belehrten, befürwortete der mehrfache Minister die Kooperation zwar aus strategischen Erwägungen. Das von General de Gaulle und Adenauer 1963 unterzeichnete deutsch-französische Freundschaftsabkommen lehnte der Oppositionspolitiker indes ab, weil es eine „Achse Paris-Bonn" zu begründen drohte und Westdeutschland die Rolle des „Führers von Europa" verlieh[8]. Wenn Mitterrand die Bundesrepublik auch als wichtigsten europäischen Bundesgenossen einschätzte, blieb sie für ihn doch wirtschaftlich ein Konkurrent und politisch ein unsicherer Kantonist. Die Bonner Republik sei „expansionistisch und revanchistisch"[9], vielleicht sogar fähig, mit der Sowjetunion einen Konflikt um Berlin zu provozieren. Diese Urteile und das ihnen inhärente Misstrauen waren zum einen Ausdruck seiner persönlichen Sozialisation und Erfahrungen, zum anderen aber auch das Ergebnis fehlender direkter Kommunikation. Zwischen dem Ende des Zweiten Weltkriegs und seiner Wahl zum Staatspräsidenten betrat Mitterrand nicht mehr als zehn Mal deutschen Boden. Einladungen aus parlamentarischen Kreisen nach Bonn schlug er mehrfach aus; 1968 gab er offen zu, „nie ein besonderes Verhältnis zu Deutschland" gehabt zu haben[10].

Erst der nach seiner Wahl zum Vorsitzenden des *Parti Socialiste* 1971 begonnene Aufbau persönlicher Kontakte leitete einen gewissen Meinungsumschwung ein – freilich nicht bezüglich *der* Deutschen, wohl aber, was die Spitze der westdeutschen Schwesterpartei und ihren Vorsitzenden, Bundeskanzler Willy Brandt, betraf. Doch auch dieses Verhältnis gestaltete sich zunächst alles andere als einfach. Nur langsam, so gab Mitterrand nach Brandts Rücktritt 1974 offen zu, habe er erkannt, in welch hohem Maße der Kanzler „eine an Empfindungen und Intelligenz, an Geschichtsbewußtsein und an Mut reiche Persönlichkeit" sei[11]. Maßgebliche Bedeutung hatten für Mitterrand dabei sowohl der Lebensweg des „großen Mannes des Widerstandes gegen den Nationalsozialismus"[12] als auch seine auf Entspannung ausgerichtete Außenpolitik. Das Eis wirklich brechen sollte indes erst eine von Brandts Mitarbeiterstab arrangierte Bahnfahrt am 2. April 1974. Mitterrand stilisierte diese Reise von Stuttgart nach Mainz im gemütlichen Salonwagen später zum Beginn einer „offenen Freundschaft"[13]. Von Freundschaft konnte zwischen den beiden so ungleichen Männern damals jedoch kaum die Rede

---

[8] Rede Mitterrands in der Nationalversammlung am 24.1.1963, in: Journal Officiel, Assemblée nationale, Débats parlementaires 1963, Bd. 2, S. 1648–1654, hier S. 1651.

[9] François Mitterrand, Ma part de vérité. De la rupture à l'unité, Paris 1969, S. 75.

[10] Presse- und Informationsamt der Bundesregierung, ehemals Bonn, Sammlung Frankreich 015-17, Mikrofilm 3694, Kommentar von Alfred Frisch für die Deutsche Welle vom 19.3.1968.

[11] AsD, Sammlung Personalia François Mitterrand, Karton 2052, Interview Mitterrands mit „Europe I" vom 14.5.1974.

[12] Hans-Eberhard Dingels am 17.11.2003 im Gespräch mit dem Verfasser; Dingels war zwischen 1961 und 1995 Internationaler Sekretär beim SPD-Parteivorstand.

[13] François Mitterrand, Ici et Maintenant. Conversations avec Guy Claisse, Paris 1980, S. 299.

sein. Auf eine sehnlichst gewünschte offizielle Einladung ins Bonner Kanzleramt wartete Mitterrand bis zum Ende von Brandts Amtszeit vergeblich.

Der Kanzlerwechsel zu Helmut Schmidt sollte das zarte Pflänzchen des Vertrauens bald verkümmern lassen. Persönlich-politische Animositäten gegenüber dem kühlen Hanseaten und die Verärgerung über Schmidts Hilfestellung für Valéry Giscard d'Estaing in den Präsidentschaftswahlkämpfen 1974 und 1981 belasteten ihr Verhältnis schwer. Auch wenn der neue Bonner Regierungschef die Außenpolitik seines Vorgängers mehr oder minder nahtlos fortsetzte, wirkte er in den Augen des Pariser Oppositionsführers weniger vertrauenswürdig, sei es, weil nach dem Widerstandskämpfer Brandt nun ein ehemaliger Wehrmachtsoffizier den Kurs der Bundesrepublik bestimmte, sei es, weil Schmidt weit mehr als Brandt als Protagonist jener mit dem Namen Bad Godesberg verbundenen Aussöhnung mit dem Kapitalismus galt, die der *Parti Socialiste* entschieden ablehnte.

Fast zum Bruch kam es über die Frage nach dem Umgang mit dem Linksterrorismus, als französische Sozialisten ohne Hemmungen über die „Repressionsmaschine" der westdeutschen Justiz gegen die „Baader-Meinhof-Gruppe"[14] herzogen. Indem sich Mitterrand an die Spitze der Kampagne stellte und aus Protest gegen den sogenannten Bonner Radikalenerlass an der Gründung eines französischen „Komitees zur Verteidigung der zivilen und beruflichen Rechte in der Bundesrepublik" mitwirkte, offenbarte er neben dem Streben nach innerfranzösischem Machtgewinn einmal mehr seinen Argwohn gegenüber der demokratischen Substanz der Bundesrepublik. Wenn es auch übertrieben wäre zu sagen, Westdeutschland sei vom Geist der Revanche beseelt, bleibe es doch wegen der Teilung ein Krisenherd, der den Frieden in Europa stören könne, warnte der Sozialist Anfang 1978 auf einem Kongress seiner Partei[15]. Und nach dem Bombenanschlag auf das Münchener Oktoberfest im Herbst 1980 ließ er sich zu dem Verdikt hinreißen: „Hitler ist tot, aber die Gesellschaft, die ihm zur Geburt verholfen hat, ist immer noch da."[16]

---

[14] L'Unité vom 31.1.1975, S. 22f., hier S. 23 (Jean-Paul Liegeois).
[15] AsD, Helmut-Schmidt-Archiv, Mappe 9404, Aufzeichnung Veronika Isenbergs vom 10.1.1978.
[16] Mitterrand, Ici et Maintenant, S. 303.

4. Vertrauensbildende Maßnahmen gegen die *incertitudes allemandes* 1981 bis 1989

Mitterrands Wahl zum Staatspräsidenten 1981 verlieh der Frage nach seinem Vertrauen in die Bundesrepublik eine ganz neue Dimension. Hatte er es bisher vor allem mit sozialdemokratischen Parteifreunden zu tun gehabt, so war es ihm nun möglich, seine politischen Kontakte zu intensivieren und die Gesellschaft, Wirtschaft und Kultur Westdeutschlands aus eigener Anschauung kennenzulernen. Mitterrands Außenpolitik beruhte zunächst auf Ideen, die sich eng an die Prinzipien seines früheren Erzfeindes de Gaulle anlehnten: nationale Unabhängigkeit, Gleichgewicht der militärischen Blöcke, Einigung Europas, Recht der Völker auf Selbstbestimmung. Der Bundesrepublik in diesem System eine Sonderrolle zuzugestehen, lehnte er ab; „une bonne entente" ja, aber keine „Achse" Bonn-Paris[17]. Schon bald zwangen ihn die Umstände zum Umdenken, schufen neues Vertrauen und schürten zugleich altes Misstrauen. Frankreich wurde von währungspolitischen Turbulenzen erfasst, die nur dank massiver deutscher Finanzspritzen gemeistert werden konnten. Und in der Bundesrepublik beschwor der Protest der Friedensbewegung gegen den NATO-Doppelbeschluss nach französischer Lesart die Gefahr eines – wie es hieß – deutschen National-Neutralismus herauf.

Einen gewissen Hoffnungsschimmer bot die Wahl Helmut Kohls zum Bundeskanzler am 1. Oktober 1982, und das obwohl der französische Sozialist und der deutsche Christdemokrat, wie beide selbst zugaben, „überhaupt nicht ‚füreinander geschaffen'" waren[18]. „Unsere gesellschaftlichen Vorstellungen, unser politisches Engagement und, wer weiß, unsere Charaktere: alles mußte uns a priori trennen", schrieb der Präsident am Ende seines Lebens über den Kanzler[19].

Obwohl die Aufnahme von Kommunisten in die französische Regierung 1981 bei Kohl nicht gerade Verständnis geweckt hatte, reiste er als besondere Geste des Wohlwollens nur drei Tage nach seinem Amtsantritt nach Paris und traf dort auf einen Politiker, mit dem er sich in einem entscheidenden Punkt sofort verstand: Die Bundesrepublik Deutschland und Frankreich waren zum „Einvernehmen" gezwungen, um das seit Anfang der 1950er Jahre angestrebte Werk der Einigung Europas voranzutreiben. Kurzfristig

---

[17] Ansprache vom 21.4.1981, in: François Mitterrand, Politique, Bd. 2: 1977–1981, Paris 1981, S. 276–279, hier S. 279.
[18] Diskussionsbeitrag Helmut Kohls zur Konferenz „Die Ära Kohl im Gespräch", in: HPM 10 (2003), S. 311.
[19] François Mitterrand, Über Deutschland, Frankfurt a. M. 1998, S. 120.

noch wichtiger für Mitterrand war aber wohl das Festhalten des Kanzlers am NATO-Doppelbeschluss[20].

Kohls Blitzbesuch stellte eine vertrauensbildende Maßnahme erster Ordnung dar, und Mitterrand dankte es ihm gewissermaßen dadurch, dass er seine Tätigkeit als Staatssekretär Robert Schumans in Erinnerung rief und so einen weltanschaulichen Schulterschluss suggerierte, den es nur bedingt gab. Seine Furcht vor der „deutschen Drift" nach Osten war keineswegs beseitigt. Könnte es der mächtigen deutschen Friedensbewegung nicht gelingen, den ja „nur" per Misstrauensvotum an die Macht gekommenen Kanzler wieder aus dem Sattel zu heben? Würden die Deutschen bei der nahenden Bundestagswahl nicht eher dem Plädoyer Brandts für eine „Partnerschaft der Sicherheit zwischen Ost und West"[21] folgen als Kohls Slogan von einer „Welt mit immer weniger Waffen"?

Doch der Kanzler gewann die Wahl im März 1983 und setzte im November desselben Jahres die Nachrüstung gegen alle innenpolitischen Widerstände im Parlament durch. Als er dann auch noch erhebliche finanzielle Zusagen machte, um die massiven Haushaltsprobleme der EG zu mindern, gewann Mitterrand zu ihm jenes Maß an Vertrauen, das für den engen Bilateralismus der kommenden Jahre bestimmend werden sollte. Mit ausgeprägtem Gespür für die Bedeutung der Geschichte im Leben beider Völker und für die Wirkungskraft symbolischer Gesten versicherten sie sich seither immer wieder ihrer Vertrauenswürdigkeit auch in öffentlichen Inszenierungen. Mitte September 1984 reichten sich beide Staatsmänner in einer Feierstunde 70 Jahre nach Ausbruch des Ersten Weltkriegs bei Verdun feierlich die Hand. Wenige Wochen später wohnten sie auf der Festung Ehrenbreitstein bei Koblenz der Übergabe der alten Kanone „Vogel Greif" als Dauerleihgabe des Pariser Armeemuseums bei; das Geschütz aus dem 16. Jahrhundert war ursprünglich für den Erzbischof von Trier gegossen worden und hatte als prestigeträchtige Kriegsbeute zwischen 1799 und 1945 mehrfach den Besitzer gewechselt. Zahllose offizielle und informelle Begegnungen und die bald schon traditionellen Frühstückstreffen am Rande von EG-Ratssitzungen zeugten ebenfalls von wachsendem und gewachsenem Vertrauen.

Das Zutrauen des Präsidenten beschränkte sich aber weitgehend auf den Kanzler und umfasste weder die politische Klasse Westdeutschlands noch

---

[20] AN, 5 AG 4 Archives François Mitterrand, PM 88, Unterredung zwischen Kohl und Mitterrand am 4.10.1982.
[21] Stenographischer Bericht über die 141. Sitzung des Deutschen Bundestags am 17.12.1982, S. 8948 (Willy Brandt, SPD).

die Gesellschaft der Bundesrepublik. Wenn Mitterrand das deutsch-französische Verhältnis ab Mitte der 1980er Jahre zur „Schicksalsgemeinschaft"[22] erhob und die historische Pflicht postulierte, gemeinsam mit Kohl eine europäische Union zu bauen, ging es ihm stets auch um den Schutz Frankreichs vor den *incertitudes allemandes* und darum, dem wirtschaftlichen Übergewicht des östlichen Nachbarn zu begegnen. Ein Mitsprache- oder gar Mitverfügungsrecht an den französischen Nuklearwaffen gestand er der Bundesrepublik trotz jahrelanger Debatten über eine politisch-strategische Zusammenarbeit nicht zu. „Die Nuklearwaffe", betonte er 1985 gegenüber dem neuen Generalsekretär der KPdSU, Michael Gorbatschow, „kann Frankreich nicht mit der Bundesrepublik teilen, weil das das gesamte europäische Gleichgewicht in Gefahr bringen würde."[23]

5. Die Erschütterung des Vertrauens im Zuge der Wiedervereinigung 1989/90

Dass auch das Vertrauen zu Kohl Grenzen hatte, verdeutlichte der weltpolitische Umbruch des Jahres 1989/90. Es kann kein Zweifel daran bestehen, dass Mitterrand die Teilung Deutschlands als friedensfördernd ansah, und es trieb ihn seit 1981 die Sorge um, das Tor zur deutschen Einheit könne sich durch einen Zusammenbruch der Sowjetunion noch vor der Jahrtausendwende öffnen. Die deutsche Teilung selbst auf die Agenda der Weltpolitik zu setzen, kam Mitterrand schon deshalb nicht in den Sinn, weil die Wiedervereinigung die „psychologische und politische Überlegenheit"[24] Frankreichs über den westdeutschen „Juniorpartner" zerstören würde; deshalb brachte der Fall der Berliner Mauer 1989 die Deutschlandpolitik des französischen Präsidenten gehörig ins Wanken.

Ungeachtet der von manchen Autoren vertretenen gegenteiligen Auffassung[25] kann von einer positiven Prädisposition Mitterrands gegenüber der

---

[22] François Mitterrand, Überlegungen zur französischen Außenpolitik, Ingolstadt 1987, S. 107–116, hier S. 116.
[23] Unterredung zwischen Gorbatschow und Mitterrand vom 2. 10. 1985; zit. nach Jacques Attali, Verbatim, Bd. I: Chronique des années 1981–1986, Paris 1993, S. 856–863, hier S. 862.
[24] Georges-Henri Soutou, L'alliance incertaine. Les rapports politico-stratégiques franco-allemands 1954–1996, Paris 1996, S. 381.
[25] Vgl. Frédéric Bozo, Mitterrand, la fin de la guerre froide et l'unification allemande. De Yalta à Maastricht, Paris 2005; Maurice Vaïsse/Christian Wenkel (Hrsg.), La diplomatie française face à l'unification allemande. D'après des archives inédites, Paris 2011.

deutschen Einheit keine Rede sein[26]. Den Kategorien Macht und Geographie sowie den Werten Nation und Freiheit verpflichtet, wünschte Mitterrand zwar den Untergang der „Ordnung von Jalta". Der Aufgang der „Sonne der Freiheit" über ganz Europa[27] durfte seines Erachtens aber die Staatenwelt nicht ins Chaos stürzen. Sagte ihm seine nationale Sicht der Dinge, dass die Deutschen gar nicht anders konnten, als nach Einheit zu streben, gebot seine Sorge um die Machtgeographie Europas, genau das nicht zuzulassen.

Wenn Mitterrand Ende November 1989 damit begann, aktiv nach Wegen zu suchen, um den Gang der Entwicklungen in seinem Sinne zu beeinflussen, hing das sowohl mit diesen grundlegenden machtpolitischen Überzeugungen und Befürchtungen als auch mit einem rapiden Vertrauensverlust zu Kohl zusammen. Schon die ostentative Zurückhaltung nach dem Mauerfall machte den Kanzler in den Augen des Präsidenten verdächtig. Dass Kohl das ominöse „W-Wort" partout nicht in den Mund nehmen wollte, erinnerte Mitterrand an Léon Gambettas berühmten Ausspruch über Elsass-Lothringen: Immer daran denken, nie davon sprechen[28]. Als der Bonner Regierungschef dann sein Zehn-Punkte-Programm vorlegte, witterte man im Elysée-Palast schlichtweg „Verrat"[29]. Zum Überlaufen brachte das Fass dann Kohls Blockade von Mitterrands Terminplan zur Gründung einer Wirtschafts- und Währungsunion (WWU) – für den französischen Präsidenten gerade der Lackmustest für des deutschen Kanzlers europäische Gesinnung. „Wenn sie den Prozess der europäischen Integration bremsen", giftete er daraufhin gegenüber dem UDF-Politiker François Léotard, „werde ich mich Russen und Engländern zuwenden: dann sind wir wieder im Jahr 1913."[30]

Anfang Dezember ging der Präsident zum Gegenangriff über, erinnerte seinen sowjetischen Kollegen Gorbatschow vieldeutig an den Siegerstatus der ehemaligen Alliierten, schlug der britischen Premierministerin Margaret Thatcher ein Bündnis nach dem Vorbild der *Entente Cordiale* von 1913 vor und versicherte dem DDR-Ministerpräsidenten Hans Modrow kurz vor Weihnachten 1989 seine Überzeugung, „die Mehrheit des Volkes der DDR"

---

[26] Vgl. Ulrich Lappenküper, Mitterrand und Deutschland. Die enträtselte Sphinx, München 2011.
[27] Tilo Schabert, Wie Weltgeschichte gemacht wird. Frankreich und die deutsche Einheit, Stuttgart 2002, S. 111.
[28] Vgl. Mitterrand, Über Deutschland, S. 28.
[29] Louis Wiznitzer, Le grand gâchis. Faillite de la politique étrangère de François Mitterrand, Paris 1991, S. 134.
[30] Zit. nach Franz-Olivier Giesbert, François Mitterrand. Die Biographie, Berlin 1997, S. 493.

wolle die demokratische Erneuerung, „aber doch innerhalb der jetzigen staatlichen Ordnung"[31].

„Wenn er [...] Deutscher wäre, wäre er für die Wiedervereinigung so schnell wie möglich [...]. Aber er sei Franzose", erklärte Mitterrand dem Bundeskanzler bei einem kurzfristig anberaumten Treffen nach dem Jahreswechsel[32]. Helmut Kohl bemühte sich daraufhin mit einem energischen Plädoyer für die europäische Einigung nach Kräften, verloren gegangenes Vertrauen zurückzugewinnen. Der Erfolg hielt sich jedoch in engen Grenzen. Mitterrand hegte nicht nur insgeheim die Hoffnung, die Wiedervereinigung mit Hilfe der „Zwei-plus-Vier-Mächte-Konferenz" auf Jahre hinaus verzögern zu können, sondern brach auch neuen Streit vom Zaun, indem er die Bundesregierung zu einer Anerkennung der polnischen Westgrenze zu nötigen versuchte. Für Horst Teltschik, einen engen Mitarbeiter Kohls, wurden „die Grenzen der Freundschaft" damit schmerzhaft sichtbar[33].

Wenn man Vertrauen mit Annette Baier definiert als die Hinnahme der eigenen Verwundbarkeit in der Überzeugung, dass ein Gegenüber sie nicht ausnutzt[34], so konnte im Frühjahr 1990 von vertrauensvollen deutsch-französischen Regierungs-Beziehungen nicht mehr die Rede sein. In Mitterrands Entourage fürchtete man bereits dauerhafte Verwerfungen. „Die Deutschen haben große Fehler – insbesondere die Arroganz –", schrieb seine Beraterin Elisabeth Guigou, „aber sie haben auch das Gefühl, dass wir sie nicht verstehen. [...] Gewisse Aussagen verantwortlicher Franzosen führen dazu, dass das seit Jahrzehnten gewwachsene Vertrauenskapital zu schwinden droht."[35] Erst der für Mitterrand ebenso überraschende wie unerfreuliche, aber letzthin irreversible Ausgang der DDR-Volkskammerwahl Mitte März 1990 mit dem Sieg der Anhänger einer schnellen Vereinigung ließ den Präsidenten einlenken.

---

[31] BAB, DC 20/I/3/2886, Beschluss des DDR-Ministerrats vom 4.1.1990 zum Bericht über den Staatsbesuch Mitterrands vom 20.–22.12.1989.
[32] Unterredung zwischen Mitterrand und Kohl am 4.1.1990, in: Deutsche Einheit. Sonderedition aus den Akten des Bundeskanzleramtes 1989/90, bearb. von Hanns Jürgen Küsters und Daniel Hofmann, München 1998, S. 682–690, hier S. 686.
[33] Horst Teltschik, 329 Tage. Innenansichten der Einigung, Berlin 1991, S. 171.
[34] Vgl. Annette Baier, Moral Prejudices: Essays on Ethics, Cambridge (Mass.) 1995, S. 152.
[35] AN, 5 AG 4/EG 213, Guigou an Mitterrand vom 2.2.1990.

6. Grenzen des Vertrauens: Mitterrand und Deutschland 1990 bis 1995

Die Wiederherstellung der deutschen Einheit am 3. Oktober 1990 veränderte die Geschäftsgrundlage der deutsch-französischen Beziehungen fundamental. Trotz der engen Kooperation mit Kohl war sich Mitterrand alles andere als sicher, welchen Weg die „große politische Macht" in der Mitte des Kontinents nun einschlagen würde[36]. Um den relativen Machtverlust Frankreichs auszugleichen und das geeinte Deutschland vor einem Kurs nationalistischer Eigensucht zu bewahren, pochte er auf die beschleunigte Errichtung der wirtschaftlichen und politischen Union Europas. Sein Misstrauen gegenüber der Verlässlichkeit des geeinten Deutschland, „dessen Gravitationszentrum sich nach Osten verschiebt, nordischer, protestantischer und auf eine Bevölkerung stoßend, die seit vierzig Jahren von einer anderen Geschichte bestimmt wird"[37], wie auch Kohls Enttäuschung über die mangelnde französische Unterstützung im Prozess der Wiedervereinigung ließen das Tandem nur mühsam wieder Tritt fassen. Trotz mancher Differenzen über materielle Fragen der WWU und des zusätzlichen Konfliktstoffs, den der Jugoslawienkrieg bot, schafften sie es dann aber doch, die Verhandlungen über den Maastrichter Vertrag 1992 erfolgreich zu Ende zu bringen. Kohl kam Mitterrand dabei freilich sehr weit entgegen, zog nach der präsidialen Warnung vor einem „deutschen Europa"[38] nicht nur seine Forderung zurück, die Anzahl der Abgeordneten des wiedervereinigten Deutschland im Straßburger Europaparlament aufzustocken, sondern opferte auch noch die „Atommacht" der D-Mark[39], und das obwohl er damit nach eigenem Eingeständnis „gegen deutsche Interessen" handelte[40].

Nachdem er sein Ziel der europäischen Einigung weitgehend erreicht und sich seine Furcht vor neuer deutscher Großmannssucht als unbegründet erwiesen hatte, mutierte Mitterrand vor der Öffentlichkeit zum Gralshüter der deutsch-französischen Freundschaft. Als Frankreich im Ratifikationsverfahren zum Maastricht-Vertrag von antideutscher Stimmung erfasst wurde, wandte sich der Präsident sogar in einem mehrstündigen Fernsehmarathon an sein Volk und kritisierte entschieden die Wiederkehr

---

[36] AN, 5 AG 4/CD 73, Unterredung zwischen Mitterrand und Kohl am 6.12.1990.
[37] AN, 5 AG 4/CDM 26, Note C. Thimoniers vom 4.9.1990.
[38] AN, 5 AG 4/CDM 33, Unterredung zwischen Mitterrand und Kohl am 14.11.1991.
[39] So Mitterrand im Ministerrat am 17.8.1988; zit. nach Schabert, Weltgeschichte, S. 335.
[40] Unterredung zwischen Kohl und US-Außenminister James Baker am 12.12.1989, in: Sonderedition Deutsche Einheit, S. 636–641, hier S. 638.

alter Klischees: „Ich möchte sagen, daß ich gelernt habe, Vertrauen zu haben und Freundschaft für die Männer und Frauen zu empfinden, die aus einem furchtbaren Drama hervorgegangen sind, an dem sie noch leiden."[41] Kaum weniger wichtig als das angeblich gewonnene Vertrauen dürften für ihn die erwarteten handfesten Vorteile der WWU gewesen sein: Eine gemeinsame Währung werde die Souveränität der Nation erhöhen, weil man endlich die „DM-Zone" verlassen könne, unterstrich er vor den Kameras französischer TV-Stationen[42].

Dass Mitterrands Vertrauen weiterhin Grenzen besaß, verdeutlichten zwei Jahre später die deutsch-französischen Konsultationen über die Erweiterung der EU um die Reformstaaten Ost- und Ost-Mitteleuropas. „Schauen Sie sich die demagogische Haltung Deutschlands gegenüber Ungarn an"[43], schimpfte er im März 1994 im Ministerrat. Die Deutschen dächten nur noch daran, „eine Art österreichisch-ungarisches Kaiserreich wieder zu errichten, das ihren mitteleuropäischen Vorhof stärkt mit Polen, Ungarn, der Slowakei, der Ukraine, sodann Slowenien und Kroatien"[44]. Nach diesem starken Tobak hinter verschlossenen Türen setzte er wenige Wochen später in der Öffentlichkeit wieder ein Zeichen der Verbundenheit und nahm an der Seite des Bundeskanzlers am 14. Juli eine feierliche Parade auf den Champs Elysée ab. Ganz dem Wunsch verhaftet, vor der Welt als großer Versöhner in die Geschichtsbücher einzugehen, verabschiedete er sich denn auch in seiner letzten großen Rede als Präsident am 8. Mai 1995 mit einem „Manifest der [...] Aussöhnung"[45].

7. Unfähigkeit zum Vertrauen?

Von den französischen Politikern des 20. Jahrhunderts besaß Mitterrand zweifellos eine der schillerndsten Biographien. Diese Faszination, so hat es Laurent Fabius – einer seiner engen politischen Weggefährten – einmal

---

[41] ACDP, Pressedokumentation François Mitterrand, Fernsehgespräch Mitterrands mit Kohl in „TF 1" vom 3.9.1992.
[42] Interview Mitterrands mit „TF 1", „Antenne 2", „Europe 1", „France Inter" und „RTL" vom 12.4.1992; Auszüge finden sich in: Frankreich-Info 14/1992, S. 1–8, hier S. 6.
[43] Zit. nach Laure Adler, L'année des adieux, Paris 1995, S. 105.
[44] Zit. nach Pierre Favier/Michel Martin-Roland, La décennie Mitterrand, Bd. 4: Les déchirements (1991–1995), Paris 1999, S. 200.
[45] François Mitterrand, „Freiheit ist wie die Luft zum Atmen" – Erinnerungen. Gespräche mit Georges-Marc Benamou, Frankfurt a. M./Leipzig 1997, S. 160; der Text der Ansprache am 8.5.1995 findet sich in: Mitterrand, Über Deutschland, S. 194–200.

formuliert, liege in einer fundamentalen „Ambivalenz" begründet[46]. Diese Mehrdeutigkeit spiegelt sich auch in seinem Umgang mit den Kategorien von Vertrauen und Misstrauen zu Deutschland wider. Mitterrand verfügte über keine konstante deutschlandpolitische Wahrnehmung, geschweige denn über eine unverrückbar feststehende Konzeption. Die Deutschen blieben für ihn ein großes, aber eben auch ein unruhiges Volk. Mitterrand focht die prinzipielle Legitimität eines deutschen Nationalstaats nicht an, wollte dessen Wiedergeburt aber ad calendas graecas verschieben. Zugleich suchte der Präsident die enge Kooperation mit den Nachbarn, um eine starke europäische Gemeinschaft zu bauen, die Frankreichs Großmachtanspruch untermauern, aber eben auch Deutschland fesseln sollte.

Zentrale Bedeutung besaß dabei für ihn das Verhältnis zu Kohl. Wenn auch ihre Ziele keineswegs identisch waren und eine latente Rivalität stets erhalten blieb, fanden beide Staatsmänner nach einer schwierigen Anlaufphase einen europapolitischen Grundkonsens. Motive dafür gab es viele: Abgesehen von persönlichen Präferenzen, strukturellen Zwangslagen und dem beiderseitigen Wunsch, „das europäische Widerlager der Brücke Nordamerika-Europa" zu stärken[47], einte die beiden Politiker auch – wie Andreas Wirsching plausibel nachgewiesen hat – „ein wirkungsmächtiges historisches Deutungsmuster", in dessen Zentrum der Mythos von der Selbstrettung Europas nach der Katastrophe des Zweiten Weltkriegs stand[48]. Wenn es den Völkern nicht gelinge, ihre Vorurteile zu besiegen, werde sich der Nationalismus durchsetzen; und Nationalismus bedeute Krieg, hatte Mitterrand den Abgeordneten des Europäischen Parlaments im Januar 1995 zugerufen[49]. Kohl sah dies genauso: „Die Frage des Baus des europäischen Hauses unter irreversibler Einbindung des mit Abstand stärksten Landes, Deutschland", beteuerte er wenige Tage später im Bundesvorstand der CDU, „ist die Frage von Frieden oder Krieg im 21. Jahrhundert."[50] Trotz ihrer gemeinsamen Überzeugungen und einer erstaunlichen Dichte persönlicher Begegnungen gelang es ihnen jedoch nicht, ein von Misstrauen freies Ver-

---

[46] Laurent Fabius, Les blessures de la vérité, Paris 1995, S. 263.
[47] Rede auf der Kommandeurtagung der Bundeswehr am 15. 2. 1984, in: Helmut Kohl, Reden 1982–1984, Bonn 1984, S. 318–338, hier S. 324.
[48] Andreas Wirsching, Abschied vom Provisorium. Geschichte der Bundesrepublik Deutschland 1982–1990, Stuttgart 2006, S. 541.
[49] Vgl. Rede Mitterrands am 17. 1. 1995, in: Frankreich-Info 3/1995, S. 1–12.
[50] Lagebericht am 3./4. 2. 1995, in: Helmut Kohl, Berichte zur Lage 1989–1998. Der Kanzler und Parteivorsitzende im Bundesvorstand der CDU Deutschlands, bearb. von Günter Buchstab und Hans-Otto Kleinmann, Düsseldorf 2012, S. 634–649, hier S. 647.

hältnis zu schaffen. Wenn sie gleichwohl ungeachtet tiefer Enttäuschungen und Verletzungen im Kontext der Wiedervereinigung Deutschlands auch nach 1990 die Kooperation fortsetzten, taten sie es, weil sie glaubten, ihre Vision von der Einigung Europas nicht ohne einander umsetzen zu können.

„Frankreich und Deutschland", so schrieb Mitterrands früherer Außenminister Hubert Védrine in einer großen deutschen Tageszeitung, „haben nur selten dieselben Ausgangspositionen. Schon das führt zu mancherlei Zwist. Doch Europa hat keine echte Alternative zu einer deutsch-französischen Verständigung." Diese Verständigung könne freilich nur dann von Erfolg gekrönt sein, wenn sie wie zu Zeiten Mitterrands und Kohls auf „Vertrautheit" basiere. Dieses Vertrauen sei keineswegs „naturgegeben"[51]. Mitterrands Vertrauen war in der Tat nicht nur nicht naturgegeben, es blieb auch nach jahrelanger enger Kooperation und einem ungewöhnlich intensiven Dialog mit den Deutschen stets prekär; phasenweise brach es sogar vollständig weg. Seine „Befindlichkeiten" resultierten gewiss auch aus den historischen Belastungen und unterschiedlichen Auffassungen zu Grundfragen der internationalen Beziehungen – der deutschen Teilung ebenso wie der europäischen Einigung oder der transatlantischen Partnerschaft. Nicht zu übersehen ist überdies auch, dass es Mitterrand als Staatsmann wie als Mensch offenbar sehr schwer fiel, Vertrauen zu entwickeln und zu bewahren. Wie anders lässt es sich erklären, dass er Freund und Feind „in bester Stasi-Manier" abhören ließ[52]? Nicht einmal seine langjährige „Zweitfrau" und Mutter seiner Tochter Mazarine blieb verschont.

Soll oder muss die Wissenschaft also bei der Analyse der Deutschlandpolitik Mitterrands auf die Kategorie des Vertrauens verzichten? Ganz gewiss nicht. Sowohl auf der Ebene des Nahverhältnisses zu zentralen Entscheidungsträgern wie Willy Brandt oder Helmut Kohl als auch auf der kollektiven Ebene zum deutschen Volk besaß sie als rhetorische und emotionale Figur wie als politischer Faktor eine nicht zu unterschätzende Bedeutung.

---

[51] Hubert Védrine, Deutschland, Frankreich, Europa, in: Frankfurter Allgemeine Zeitung vom 16.7.2010, S. 9.
[52] Der Spiegel vom 21.4.1997: „Krankhafte Neugier".

Bernhard Gotto
Kommentar

1. Diplomatiegeschichte mit Gefühl?

Aus der Perspektive der Emotionsgeschichte ist es wohlfeil, die Rolle der Gefühle in den internationalen Beziehungen zu betonen. Für Jan Plamper fällt ihnen sogar eine „Schlüsselrolle" zu[1], obwohl wir nur über sehr wenige empirisch und methodisch gleichermaßen befriedigende Forschungen darüber verfügen, was Gefühle auf diesem Feld denn nun tatsächlich bewirken. Dabei ist es leicht, Momente „großer Gefühle" im 20. Jahrhundert aufzurufen, die sich ins kollektive Gedächtnis als außenpolitische Wegmarken der Bundesrepublik eingeprägt haben: die Mutter eines Kriegsgefangenen, die Konrad Adenauer am 13. September 1955 die Hand küsste, weil der Kanzler nach seiner Rückkehr aus Moskau die Freilassung der „letzten 10.000" verkünden konnte, Willy Brandts enthusiastischer Empfang durch die DDR-Bevölkerung in Erfurt am 19. März 1970 und sein Kniefall in Warschau am 7. Dezember desselben Jahres, der stumme Händedruck von Helmut Kohl und François Mitterrand über den Gräbern von Verdun am 22. September 1984 oder der schier grenzenlose Jubel der Botschaftsflüchtlinge in Prag am 30. September 1989 auf die Nachricht, dass sie in die Bundesrepublik ausreisen durften. Diese Szenen belegen eindrucksvoll, dass außenpolitische Entscheidungen bei den Staatsmännern ebenso wie in der Bevölkerung starke emotionale Reaktionen hervorrufen, sie zeugen außerdem davon, dass die Inszenierung dieser Gefühle Teil der politischen Kommunikation ist. Umgekehrt hat die Forschung der letzten Jahre hervorgehoben, dass starke Gefühle wie Angst, Hass oder Ehre ganze Epochen prägen und sogar die Frage von Krieg oder Frieden mitbestimmen können[2]. Das ist nun ebenso plausibel wie unerheblich für die Frage, welchen Einfluss Gefühle kleinerer Münze auf den außenpolitischen Alltag ausüben. Um dieser Frage auf den Grund

---

[1] Jan Plamper, Die Tränen des Premiers. Welche Rolle Gefühle in den Internationalen Beziehungen spielen, in: Kulturaustausch. Zeitschrift für internationale Perspektiven 63 (2013) H. 3, S. 46 f., hier S. 46.
[2] Vgl. dazu die in der Einleitung (Anm. 6) zitierte Literatur sowie Birgit Aschmann (Hrsg.), Gefühl und Kalkül. Der Einfluss von Emotionen auf die Politik des 19. und 20. Jahrhunderts, Stuttgart 2005, und José Brunner (Hrsg.), Politische Leidenschaften. Zur Verknüpfung von Macht, Emotion und Vernunft in Deutschland, Göttingen 2010.

zu gehen, bietet Vertrauen ein ausgezeichnetes Untersuchungsfeld, vorausgesetzt man akzeptiert, dass es sich dabei überhaupt um ein Gefühl handelt. Doch auch unbesehen dieses Einwands schreibt die Geschichtswissenschaft Vertrauen große Erklärungskraft für die Geschichte der Bundesrepublik zu. Pointiert und treffend bringt Philipp Gassert dieses Vertrauensnarrativ von Aufbau (in der Adenauer-Ära), Gefährdung (durch die neue Ostpolitik Brandts und die Kontroverse um den NATO-Doppelbeschluss) und Belohnung (in Gestalt der Wiedervereinigung) auf den Punkt. Doch es gibt gute Gründe, dieser Dreifaltigkeit zu misstrauen: Erstens spiegelt sie nur allzu klar die Selbstwahrnehmung und -inszenierung der Spitzenakteure wider; darum sollte das Vertrauensnarrativ Gegenstand der zeitgeschichtlichen Analyse und nicht schon ihr Ergebnis sein. Zweitens kommt dieses Narrativ in der Regel ohne eine präzise Definition aus, was mit der zentralen Kategorie überhaupt gemeint sein soll. Von dieser analytischen Entscheidung hängt ab, welchen Erkenntniswert die Beschäftigung mit Vertrauen für die Geschichte der internationalen Beziehungen überhaupt hat: Was lernen wir Neues?

2. Die Natur von Vertrauen

Wenn Historiker sich mit Vertrauen beschäftigen, lassen sich drei Hauptstränge unterscheiden. Erstens verstehen sie Vertrauen als Gefühl, und zwar als individuelle, zwischenmenschliche Empfindung im Gegensatz zu System- oder Regelvertrauen. Im Bereich der internationalen Beziehungen werden dabei die persönlichen Verhältnisse von Spitzenpolitikern auf der diplomatischen Bühne zueinander thematisiert; der Beitrag von Ulrich Lappenküper steht exemplarisch für diese Analyseebene. Sie setzt voraus, dass die Qualität der persönlichen Beziehungen Einfluss auf die zwischenstaatliche Interaktion ausübt. Zweitens wird Vertrauen als operatives Ziel außenpolitischen Handelns untersucht. Darunter fallen sowohl nicht formalisierte Aktivitäten und Strategien, die das Verhältnis von Staaten zueinander insgesamt verbessern sollen, als auch vertraglich geregelte Mechanismen, die explizit dem Aufbau von Vertrauen dienen. Der Beitrag von Matthias Peter beleuchtet mit den vertrauensbildenden Maßnahmen, die die KSZE hervorbrachte, das Paradebeispiel für diesen Zugang. Vertrauen ist in dieser Sichtweise ein *terminus technicus* in den internationalen Beziehungen, der nur indirekt etwas mit Emotionen zu tun hat, nämlich insofern, als die Akteure das so verstandene Vertrauen als Gegenmittel für den unwillkommenen Einfluss von Angst und Unsicherheit in Phasen von Spannungen zwischen den Antagonisten während des Kalten Kriegs einsetzten. Drittens wird der Gebrauch des „V-Worts" als rhetorische Strategie von (in aller Regel) Staatsmännern begriffen. Das gilt für die machtpolitische Positionierung der Bundesrepublik in der Nachkriegsordnung ebenso wie für die Imagepflege der außenpolitischen Akteure selbst, wie Philipp Gassert besonders eindringlich aufzeigt.

Diese drei Ebenen – Vertrauen als Gefühl, als Ziel politischen Handelns und als rhetorische Strategie – akzentuiert die Einleitung von Reinhild Kreis sehr nachvollziehbar. Dabei gerät allerdings eine Ebene weitgehend aus dem Blick, die sie ebenfalls nennt, nämlich die soziologische Definition von Vertrauen als eine generalisierte Erwartungshaltung bei Unsicherheit über das Verhalten anderer. Vertrauen bedeutet demnach, vom Wohlverhalten eines Gegenübers auszugehen, dessen Entscheidungen und Absichten man nicht kennt. Das ist das Gegenteil dessen, was Vertrauen als politisches Ziel meint. Matthias Peter paraphrasiert Vertrauen in diesem Sinne als „Verlässlichkeit, Glaubwürdigkeit, Berechenbarkeit und Transparenz" (S. 68). So verstanden, war Vertrauen das Ergebnis von kommunikativem Handeln, durch das die Akteure Unsicherheit beim Systemgegner abbauen wollten, um das Risiko einer militärischen Eskalation zu vermindern. Dabei ging es vorwiegend um Wissen und um Kontrolle, wie insbesondere Peters Analyse des „militärischen Vertrauens" illustriert. Von Vertrauen im soziologischen Sinne kann dabei keine Rede sein, vielmehr nutzten beide Seiten den Begriff als „Beschwörungsformel" (S. 78), um ihre Forderungen an die Gegenseite zu legitimieren. Folgerichtig deutet Peter die vertrauensbildenden Maßnahmen der KSZE als ein Mittel, das dazu diente, den Systemkonflikt zwischen Ost und West auszutragen und nicht dazu gedacht war, ihn aufzuheben. Das ist überzeugend und plausibel. Aber man sollte sich doch davor hüten, dem diplomatischen Jargon zu folgen und Instrumente mit dem Etikett Vertrauen zu versehen, die der Kontrolle dienten und ihren historischen Ort in der auf Deeskalation und Entspannung ausgerichteten Phase der internationalen Beziehungen zwischen Mitte der 1970er und Ende der 1980er Jahre haben. Dadurch entleert man den Begriff seines analytischen Gehalts. Das gilt auch für die irreführende Überschrift von Alexander Reinfeldts Beitrag „Kontrolliertes Vertrauen" – das klingt zwar hübsch, aber Kontrolle und Vertrauen sind Gegenpole. Selbstverständlich lässt sich beides als Motiv in der Geschichte der europäischen Integration nachweisen, aber dieses Nebeneinander ergibt eben kein Ineinander, wie Reinfeldts Analyse der EVG-Verhandlungen zeigt. Denn er führt das Scheitern der EVG auf wechselseitiges Misstrauen zurück, das punktuell wirksam geworden sei, aber nicht durchgängig eine Annäherung verhindert habe. Außerdem zeigt er, wie die Akteure Vertrauen als Argument nutzten, um ihre Verhandlungsposition zu verbessern.

Daher ist es konsequent, dass Reinfeldt nicht allein die Definition von Vertrauen als „emotional fundierte Erwartung eines wohlmeinenden und verlässlichen Verhaltens" (S. 34) gelten lässt, sondern das strategische Moment betont. Noch eindeutiger in diese Richtung argumentiert Philipp Gassert, der Vertrauen ausschließlich als „Code für Einfluss, Macht und Recht auf Mitsprache" (S. 19) ansieht. Seiner Ansicht nach besitzt der emotionale Gehalt der Vokabel Vertrauen gar keine Relevanz, sofern er der historischen Analyse überhaupt zugänglich ist. In diesem Sinne ist Vertrauenswerbung das rhetorische Kernelement der außenpolitischen Positionierung der Bundesrepublik als Zivil- oder Friedensmacht. In Abgrenzung zur aggressiven Hegemonialpolitik, die das Deutsche Reich in zwei Weltkriege (und zwei Niederlagen) geführt hatte, setzten alle bundesdeutschen Außenpolitiker auf Vertrauen als Ressource, um Anerkennung und Einfluss zu gewinnen. Alle Beiträge des Sammelbands belegen überdeutlich, dass die Akteure in diesem Sinne strategisch kommunizierten. Nicht erst Genscher machte sich die Rede vom Vertrauen so weit zu eigen, dass er als „personifizierte vertrauensbildende Maßnahme" galt (S. 68); bereits Adenauer wollte „Vertrauen schaffen, indem man über Vertrauen spricht" (S. 37). Dass diese Strategie jedoch Grenzen hatte, zeigt Peter Ulrich Weiß am Beispiel des Beziehungsdreiecks Bundesrepublik – Rumänien – DDR. Dort herrschte ein Dilemma, das für die Präsenz der Bundesrepublik in kommunistischen Ländern charakteristisch war: Vertrauensbildende Maßnahmen der einen Seite erzeugten stets Misstrauensreaktionen der anderen. Dieser Gesetzmäßigkeit waren sich die bundesdeutschen Außenpolitiker bewusst, konnten den daraus erwachsenden Zielkonflikt jedoch nicht lösen.

Zu kurz kommt meiner Ansicht nach bei der Konzentration auf Vertrauen als Ziel politischen Handelns die Frage, welche Rolle Verhaltenserwartungen spielten, also Vertrauen oder Misstrauen als Ersatz für Sicherheit und Wissen. In einigen Beiträgen blitzen solche Erwartungen auf, etwa wenn François Mitterrand 1994 argwöhnte, dass das wiedervereinigte Deutschland die Osterweiterung der EU vorantreibe, um den eigenen Einfluss in Mitteleuropa zu vergrößern. Wenn man solche Erwartungen zum Gegenstand der Analyse macht, gewinnt man feste Kriterien, um Vertrauen dingfest zu machen, und handelt sich nicht all die Unschärfen ein, die den Quellenbegriff Vertrauen so vieldeutig machen. Diesen Weg schlägt Peter Ulrich Weiß ein, indem er die Kommunikations- und Besuchsdichte zwischen der DDR und Rumänien als Indikator für die Qualität ihrer Beziehungen zueinander analysiert. Ein weiteres mögliches Kriterium, um Vertrauen oder Misstrauen in den internationalen Beziehungen aufzuspüren, wären gute oder schlechte Erfahrungen, die als Argument für eine Prognose über das Verhalten eines anderen Staates in außenpolitische Analysen einfließen. Schließlich könnte man an moralische Werturteile denken, die außenpolitische Akteure in ihre Bewertungen von Situationen, Staaten und Amtspersonen einfließen lassen, denn Vertrauen unterscheidet sich semantisch von der Zuversicht durch die moralische Implikation, dass der Vertrauensnehmer es mit dem Vertrauensgeber gut meint[3]. Doch wie ist es etwa zu bewerten, dass Außenminister Willy Brandt im Juni 1970 dem rumänischen Ministerpräsidenten Ion Gheorghe Maurer bestätigte, dass russische Spitzenpolitiker offenbar aus Gewohnheit lögen[4]? Redete Brandt seinem Gegenüber nach dem Mund, offenbarte er ein Vorurteil, sprach er gar aus eigener Erfahrung? Und welche Rolle spielte der Umstand, dass es sich um ein Treffen in privatem Rahmen zu vorgerückter Stunde handelte, als beide offenbar schon einiges getrunken hatten? Diese Fragen führen zu einer weiteren: Welches Gewicht haben persönliche Beziehungen unter Staatsmännern?

3. Interpersonales Vertrauen zwischen Staatsoberhäuptern und Spitzendiplomaten

Die meisten Beiträge stimmen darin überein, dass Vertrauen als Gefühl in erster Linie als interpersonales Vertrauen zwischen den außenpolitischen Akteuren wirksam werde. Doch welchen Unterschied genau macht es denn aus, ob Spitzenpolitiker „miteinander können" oder nicht (S. 11 und S. 57)? Matthias Peter sieht einen direkten Zusammenhang: „Die Aussichten für erfolgreiche Verhandlungen steigen mit dem Grad der persönlichen Nähe und des Vertrauens zwischen den Verhandlungsführern." (S. 68) Peter Ulrich Weiß argumentiert mit Blick auf das Misstrauen zwischen Nicolae Ceaușescu und Walter Ulbricht ganz ähnlich. Ulrich Lappenküper weist darauf hin, dass François Mitterrand „als Staatsmann wie als Mensch" (S. 96) kaum in der Lage gewesen sei, dauerhaft Vertrauen aufzubauen und zu bewahren. Aber geben die gängigen diplomatischen Akten überhaupt Auskunft darüber, ob ein außenpolitischer Akteur gegenüber einem anderen Vertrauen empfand?

---

[3] Vgl. Ute Frevert, Über Vertrauen reden. Historisch-kritische Anmerkungen, in: Jörg Baberowski (Hrsg.), Was ist Vertrauen? Ein interdisziplinäres Gespräch, Frankfurt a. M. 2014, S. 31–47, hier S. 45.
[4] Zit. nach Gottfried Niedhart, Entspannung in Europa. Die Bundesrepublik Deutschland und der Warschauer Pakt 1966 bis 1975, München 2014, S. 86.

Auch diesbezügliche Beteuerungen konnten ja einem strategischen Kalkül folgen. Zudem gehört demonstrative Vertraulichkeit zum Inszenierungsrepertoire, dessen sich die außenpolitischen Akteure seit den 1960er Jahren in immer stärkerem Maße bedienten. Philipp Gassert betont zu Recht, dass man die „Bildsprache privat-persönlicher Freundschaften" (S. 24), in die außenpolitisches Agieren übersetzt wurde, als „Vertrauenswerbung demokratischer Politik gegenüber der eigenen Bevölkerung" (S. 28) lesen sollte. Darum wäre es voreilig, von der ostentativen Eintracht von Spitzenpolitikern – hier seien als Beispiel nur die deutsch-französischen „Paare" Adenauer und de Gaulle, Schmidt und Giscard d'Estaing sowie Kohl und Mitterrand genannt – auf Glanzzeiten in den zwischenstaatlichen Beziehungen zu schließen; das verdeutlicht der Beitrag von Ulrich Lappenküper nachdrücklich. Umgekehrt gilt, dass außenpolitische Projekte auch dann Fortschritte machen, wenn die Spitzenakteure nur wenig miteinander anzufangen wissen, wie wiederum das Beispiel der deutsch-französischen Beziehungen während der Präsidentschaft von Georges Pompidou belegt[5].

Doch selbst wenn Quellen vorliegen, aus denen sich überzeugend interpersonales Vertrauen oder Misstrauen belegen lässt, bleiben Zweifel bestehen, ob Sympathie beziehungsweise Abneigung zwischen außenpolitischen Akteure einen übermäßig großen Einfluss auf die Entwicklung der zwischenstaatlichen Verhältnisse ausüben. Zwei Gründe sprechen gegen die Annahme, dass die Qualität der persönlichen Beziehungen auf die diplomatische Ebene ausstrahlt. Der erste ist die Trennung von Person und Amt. Jeder Akteur auf dem diplomatischen Parkett vertritt sein Land. Er ist gehalten, unabhängig von persönlichen Vorlieben und Abneigungen dessen Interessen zu wahren. Vor allem in demokratischen Staaten, in denen Macht, Regierungsverantwortung und Staatsämter nur auf Zeit vergeben werden, müssen die Außenbeziehungen grundsätzlich unabhängig von der Person der Spitzenpolitiker funktionieren. Daher ist es ein Gebot der Professionalität auf Seiten der Akteure, ihr Handeln als Amtsperson nicht von ihren persönlichen Vorlieben und Abneigungen abhängig zu machen. Zudem prägen starke Kontinuitätslinien die Außenpolitik, gerade weil sie langfristig definierten Interessen folgt; die Bundesrepublik ist dafür ein besonders treffendes Beispiel. Die Beziehungen von Staaten untereinander sind ebenso auf Dauer gestellt. Sie umfassen schließlich eine ganze Reihe von Bereichen, die unterhalb der diplomatischen Spitzenebene ausgehandelt werden – vor allem

---

[5] Vgl. Claudia Hiepel, Willy Brandt und Georges Pompidou. Deutsch-französische Europapolitik zwischen Aufbruch und Krise, München 2012.

Wirtschafts- und Handelsbeziehungen, aber auch die Kulturpolitik. Peter Ulrich Weiß demonstriert, dass sich die „Mittler und Praktiker des Kultur- und Bildungsaustauschs" (S. 60) der DDR und Rumäniens von den tiefen Verstimmungen zwischen ihren Staats- und Parteiführungen ebenso wenig behindern ließen wie von „symbolischen Misstrauensbekundungen von oben" (S. 60).

Der zweite Grund, aus dem ich den Einfluss von interpersonalem Vertrauen oder Misstrauen auf die internationalen Beziehungen eher gering einschätze, liegt in der Zunahme der kommunikativen Dichte, die diese Beziehungen in der Nachkriegszeit auszeichnet. Der immense Fortschritt in der elektronischen Kommunikation ermöglichte schnellen und direkten Austausch der außenpolitischen Akteure, die im Prinzip ununterbrochen erreicht werden konnten. Auch die Geschwindigkeit und Menge der Informationen, die übermittelt werden konnten, stieg kontinuierlich an. In der zweiten Hälfte des 20. Jahrhunderts vermehrte sich außerdem die Zahl der Foren signifikant, die den außenpolitischen Akteuren Gelegenheiten zum persönlichen Austausch boten. Regelmäßige, institutionalisierte Treffen auf der Ebene der Europäischen Gemeinschaft, der KSZE, der NATO, die jährlichen Weltwirtschaftsgipfel der „Gruppe der Sechs" (ab 1975: G7) oder die Organisationen und Institutionen der Vereinten Nationen multiplizierten die Möglichkeiten, die persönlichen und zwischenstaatlichen Beziehungen zu pflegen. Wissenslücken ließen sich so sehr rasch schließen, es bedurfte also kaum interpersonalen Vertrauens, um Unsicherheit zu überwinden.

Dagegen kann man einwenden, dass gerade die Vielstimmigkeit und das Anschwellen der Informationsfülle zu einem Mangel an Orientierung führen kann, der interpersonales Vertrauen wieder ins Spiel bringt. Die Beiträge enthalten Hinweise darauf, dass diese Beziehungsebene zwischen Staatsmännern durchaus eine Rolle spielt. So demonstriert Alexander Reinfeldt, dass das Vertrauen der amerikanischen Administration gegenüber Jean Monnet die Haltung der USA zum Pleven-Plan günstig beeinflusste, ebenso wie ihr Misstrauen gegenüber Pierre Mendès-France die Einschätzung der EVG bestimmte. Allerdings kennzeichnet Reinfeldt solche Effekte als kurzfristig; sie verstärkten lediglich Dispositionen, die den Interessen der jeweiligen Regierungen folgten. Ulrich Lappenküper wiederum argumentiert, dass es Helmut Kohl durch Vorleistungen – wie etwa die Stützungsmaßnahmen für den französischen Franc, das Durchfechten des Nachrüstungsbeschlusses gegen immense gesellschaftliche Widerstände und den Verzicht auf die D-Mark im Vertrag von Maastricht – gelungen sei, immer wieder persönliches Vertrauen bei Mitterrand zu generieren. Philipp Gassert schließlich weist darauf hin, dass Adenauer zu Beginn der 1950er Jahre einen Vertrauensvorschuss bei den westlichen Alliierten genoss, der auf mittlere Sicht half, das Misstrauen in seine Landsleute und die Bundesrepublik abzubauen.

Diese Befunde deuten darauf hin, den Einfluss von interpersonalem Vertrauen in den internationalen Beziehungen nicht zu verneinen, aber doch zu relativieren. Persönliches Vertrauen zwischen den Akteuren kann helfen, Fortschritte in zwischenstaatlichen Beziehungen anzubahnen, wie umgekehrt Misstrauen wie eine Bremse wirkt. Diese Einsicht ist allerdings so allgemein, dass ihre Erklärungskraft weit hinter dem Postulat zurückbleibt, Gefühle „als handlungsleitende und strukturbildende Faktoren" (S. 16) ernst zu nehmen. Worin liegt dann der Gewinn, wenn man sich mit Vertrauen in den internationalen Beziehungen beschäftigt?

4. Erkenntnisse und Perspektiven

Insgesamt kommt dem Band das große Verdienst zu, Antworten auf diese Frage aufgrund empirischer Evidenz zu suchen. An mehreren Stellen dekonstruieren sie das bei Philipp Gassert erörterte Vertrauensnarrativ in der bundesrepublikanischen Geschichtsschreibung, aber auch sein Pendant auf dem Gebiet der europäischen Integration als einer Geschichte von wachsendem Vertrauen durch erfolgreiche Institutionenbildung. Ulrich Lappenküper entlarvt die angebliche Vertrauensdividende, die die Wiedervereinigung ermöglicht habe, für die französische Seite als Legende. Ob sich die Integration Westdeutschlands in die Strukturen der NATO und der WEU als Lektion aus dem Scheitern der EVG und damit als Schritt zu einer vertrauensbasierten Sicherheitspolitik interpretieren lassen, wie Alexander Reinfeldt andeutet, müssten eingehendere Forschungen überprüfen. Doch in dieser Richtung liegt weiteres Potential der Frage nach dem Stellenwert von Vertrauen in den internationalen Beziehungen, das Reinhild Kreis in ihrer Einleitung bereits benennt: Da Vertrauen nicht einmal feststeht, sondern schwankt, gewonnen und verloren wird, aufgebaut und gepflegt werden will sowie verspielt werden kann, erfordert seine Analyse einen großen zeitlichen Horizont. Damit kommen längerfristig wirksame Deutungsmuster von Erfahrungen in den Blick, die allein mit Interessenkalkül nicht erklärt werden können. Diese Ebene spielt für die handelnden Akteure selbstverständlich eine Rolle, doch sie ist auch für Kollektivstereotype bedeutsam.

Damit ist eine weitere Ebene benannt, die der Band anspricht, aber kaum behandelt, nämlich das Vertrauen als Disposition zwischen unterschiedlichen Staaten jenseits ihres außenpolitischen Personals. Man kann gute Argumente gegen die Annahme einwenden, dass Vertrauen als Gefühl zwischen Bevölkerungen überhaupt existiert, ja, dass dieser Begriff überhaupt auf abstrakte Strukturen anwendbar ist. Ute Frevert plädiert dafür, sich nicht an solcher „Augenwischerei und Etikettenschwindel" zu beteiligen, da nur Vertrauen zwischen Menschen die emotionale Qualität von „Nähe, Vertrautheit, Geborgenheit und Reziprozität" zukomme[6]. Möglicherweise eignen sich andere Begriffe und Kategorien besser, um die Auswirkungen von Fremdwahrnehmungen auf die internationalen Beziehungen zu fassen, doch selbst dann hat der Vertrauensbegriff heuristischen Wert. Vertrauen ließe sich als eine überpersonelle „force profonde" im Sinne von Jean-Baptiste Duroselle verstehen, als eine Gegebenheit, die die Wahrnehmung strukturiert und den Handlungsrahmen absteckt[7].

Schließlich zeigen die Beiträge, dass es weitaus einfacher ist, Vertrauen als rhetorische Strategie oder als politisches Ziel zu untersuchen, als es als ein Gefühl zu fassen. Ich meine nicht, dass man deshalb so weit gehen sollte wie Philipp Gassert und die Beschäftigung mit der emotionalen Qualität von Vertrauen in der Politik für irrelevant zu erklären. Die Emotionsgeschichte hat analytische Begriffe entwickelt, die man auch auf Vertrauen in den internationalen Beziehungen anwenden kann, wie Reinhild Kreis überzeugend darlegt – nur müsste man das auch tun. Das Anliegen, das Potential der analytischen Kategorie Vertrauen auszuloten und die großen Vertrauensnarrative in der Historiographie der Bundesrepublik zu historisieren, lösen die Beiträge allemal überzeugend ein.

---

[6] Ute Frevert, Vertrauensfragen. Eine Obsession der Moderne, Frankfurt a. M. 2013, S. 217.
[7] Vgl. Jean-Baptiste Duroselle, Tout empire périra. Théorie des relations internationales, Paris 1981.

Abkürzungen

AAPD	Akten zur Auswärtigen Politik der Bundesrepublik Deutschland
ACDP	Archiv für Christlich-Demokratische Politik, St. Augustin
a.D.	außer Dienst
AN	Archives Nationales, Paris
APuZ	Aus Politik und Zeitgeschichte
AsD	Archiv der sozialen Demokratie, Bonn
BA(B)	Bundesarchiv (Berlin)
CDU	Christlich-Demokratische Union
ČSSR	Tschechoslowakische Sozialistische Republik
CSU	Christlich-Soziale Union
DDF	Documents Diplomatiques Français
DDR	Deutsche Demokratische Republik
DHI	Deutsches Historisches Institut
DM	Deutsche Mark
EG	Europäische Gemeinschaft(en)
EGKS	Europäische Gemeinschaft für Kohle und Stahl
EU	Europäische Union
EVG	Europäische Verteidigungsgemeinschaft
HPM	Historisch-Politische Mitteilungen des Archivs für Christlich-Demokratische Politik
KAE	Konferenz über Abrüstung in Europa
KP	Kommunistische Partei
KPD	Kommunistische Partei Deutschlands
KPdSU	Kommunistische Partei der Sowjetunion
KSZE	Konferenz über Sicherheit und Zusammenarbeit in Europa
MBFR	Mutual and Balanced Force Reductions
MfAA	Ministerium für Auswärtige Angelegenheiten der DDR
NATO	North Atlantic Treaty Organization
N+N	Neutrale und Nichtpaktgebundene Staaten
NS	Nationalsozialismus, nationalsozialistisch
PA/AA	Politisches Archiv des Auswärtigen Amts
RKP	Rumänische Kommunistische Partei
SALT	Strategic Arms Limitation Talks

SAPMO	Stiftung Archiv der Parteien und Massenorganisationen der DDR, Berlin
SED	Sozialistische Einheitspartei Deutschlands
SPD	Sozialdemokratische Partei Deutschlands
Stasi	Ministerium für Staatssicherheit der DDR
SU	Sowjetunion
TV	Television
UDF	Union pour la Démocratie Française
UdSSR	Union der Sozialistischen Sowjetrepubliken
US(A)	United States (of America)
VBM	Vertrauensbildende Maßnahmen
VfZ	Vierteljahrshefte für Zeitgeschichte
VN	Vereinte Nationen
WEU	Westeuropäische Union
WWU	Wirtschafts- und Währungsunion
ZF	Zeithistorische Forschungen

Autorinnen und Autoren

Dr. Philipp Gassert (1965), Professor für Zeitgeschichte am Historischen Institut der Universität Mannheim.

Dr. Bernhard Gotto (1973), Wissenschaftlicher Mitarbeiter am Institut für Zeitgeschichte München – Berlin.

Dr. Reinhild Kreis (1978), Akademische Rätin auf Zeit am Lehrstuhl für Zeitgeschichte der Universität Mannheim.

Dr. Ulrich Lappenküper (1959), Professor für Neuere Geschichte an der Helmut-Schmidt-Universität der Bundeswehr (Hamburg) und Geschäftsführer der Otto-von-Bismarck-Stiftung.

Dr. Matthias Peter (1958), Wissenschaftlicher Mitarbeiter am Institut für Zeitgeschichte München – Berlin, Edition der Akten zur Auswärtigen Politik der Bundesrepublik Deutschland.

Dr. Alexander Reinfeldt (1974), Wissenschaftlicher Mitarbeiter im DFG-Projekt „‚To speak with one voice'? Europäisierung in intergouvernementalen Politikbereichen am Beispiel der Europäischen Politischen Zusammenarbeit 1970–1981" am Fachbereich Geschichte der Universität Hamburg.

Dr. Peter Ulrich Weiß (1970), Wissenschaftlicher Mitarbeiter am Institut für Geschichtswissenschaften der Humboldt-Universität zu Berlin.

Zeitgeschichte im Gespräch

Band 1
Deutschland im Luftkrieg
Geschichte und Erinnerung
D. Süß (Hrsg.)
2007. 152 S. € 16,80
ISBN 978-3-486-58084-6

Band 2
Von Feldherren und Gefreiten
Zur biographischen Dimension des
Zweiten Weltkriegs
Ch. Hartmann (Hrsg.)
2008. 129 S. € 16,80
ISBN 978-3-486-58144-7

Band 3
Schleichende Entfremdung?
Deutschland und Italien nach dem Fall
der Mauer
G.E. Rusconi, Th. Schlemmer, H. Woller
(Hrsg.)
2. Aufl. 2009. 136 S. € 16,80
ISBN 978-3-486-59019-7

Band 4
Lieschen Müller wird politisch
Geschlecht, Staat und Partizipation im
20. Jahrhundert
Ch. Hikel, N. Kramer, E. Zellmer (Hrsg.)
2009. 141 S. € 16,80
ISBN 978-3-486-58732-6

Band 5
Die Rückkehr der Arbeitslosigkeit
Die Bundesrepublik Deutschland im
europäischen Kontext 1973–1989
Th. Raithel, Th. Schlemmer (Hrsg.)
2009. 177 S. € 16,80
ISBN 978-3-486-58950-4

Band 6
Ghettorenten
Entschädigungspolitik, Rechtsprechung
und historische Forschung
J. Zarusky (Hrsg.)
2010. 131 S. € 16,80
ISBN 978-3-486-58941-2

Band 7
Hitler und England
Ein Essay zur nationalsozialistischen
Außenpolitik 1920–1940
H. Graml
2010. 124 S. € 16,80
ISBN 978-3-486-59145-3

Band 8
Soziale Ungleichheit im Sozialstaat
Die Bundesrepublik Deutschland und
Großbritannien im Vergleich
H.G. Hockerts, W. Süß (Hrsg.)
2010. 139 S. € 16,80
ISBN 978-3-486-59176-7

Band 9
Die bleiernen Jahre
Staat und Terrorismus in der
Bundesrepublik Deutschland und
Italien 1969–1982
J. Hürter, G.E. Rusconi (Hrsg.)
2010. 128 S. € 16,80
ISBN 978-3-486-59643-4

Band 10
Berlusconi an der Macht
Die Politik der italienischen Mitte-
Rechts-Regierungen in vergleichender
Perspektive
G.E. Rusconi, Th. Schlemmer, H. Woller
(Hrsg.)
2010. 164 S. € 16,80
ISBN 978-3-486-59783-7

Band 11
Der KSZE-Prozess
Vom Kalten Krieg zu einem
neuen Europa 1975–1990
H. Altrichter, H. Wentker (Hrsg.)
2011. 128 S. € 16,80
ISBN 978-3-486-59807-0

Band 12
Reform und Revolte
Politischer und gesellschaftlicher
Wandel in der Bundesrepublik
Deutschland vor und nach 1968
U. Wengst (Hrsg.)
2011. 126 S. € 16,80
ISBN 978-3-486-70404-4

Band 13
Vor dem dritten Staatsbankrott?
Der deutsche Schuldenstaat in
historischer und internationaler
Perspektive
M. Hansmann
2., durchgesehene Aufl. 2012
113 S. € 16,80
ISBN 978-3-486-71784-6

Band 14
Das letzte Urteil
Die Medien und der Demjanjuk-Prozess
R. Volk
2012. 140 S. € 16,80
ISBN 978-3-486-71698-6

Band 15
Gaddafis Libyen und die
Bundesrepublik Deutschland 1969–
1982
T. Szatkowski
2013. 135 S. € 16,80
ISBN 978-3-486-71870-6

Band 16
„1968" – Eine
Wahrnehmungsrevolution?
Horizont-Verschiebungen des
Politischen in den 1960er und 1970er
Jahren
I. Gilcher-Holtey (Hrsg.)
2013. 138 S. € 16,80
ISBN 978-3-486-71872-0

Band 17
Die Anfänge der Gegenwart
Umbrüche in Westeuropa nach dem
Boom
M. Reitmayer, Th. Schlemmer (Hrsg.)
2014. 150 S. € 16,95
ISBN 978-3-486-71871-3

Band 18
Homosexuelle im Nationalsozialismus
Neue Forschungsperspektiven zu
Lebenssituationen von lesbischen,
schwulen, bi-, trans- und intersexuellen
Menschen 1933–1945
Michael Schwartz (Hrsg.)
2014. 146 S. € 16,95
ISBN 978-3-486-74189-6

Band 19
Entspannung in Europa
Die Bundesrepublik Deutschland und
der Warschauer Pakt 1966–1975
G. Niedhart
2014. 131 S. € 16,95
ISBN 978-3-486-72476-9

Band 20
Der Faschismus in Europa
Wege der Forschung
Th. Schlemmer/H. Woller (Hrsg.)
2014. 148 S. € 16,95
ISBN 978-3-486-77843-4

Bei Fragen zur Produktsicherheit wenden Sie sich bitte an:
If you have any questions regarding product safety,
please contact:

Walter de Gruyter GmbH
Genthiner Straße 13
10785 Berlin
productsafety@degruyterbrill.com